A REVOLUÇÃO DO VOLUNTARIADO

BILL HYBELS

AUTOR DE LIDERANÇA CORAJOSA

A REVOLUÇÃO DO VOLUNTARIADO

LIBERANDO O PODER DE CADA UM DE NÓS

Vida

Vida

Editora Vida
Rua Isidro Tinoco, 70 Tatuapé
CEP 03316-010 São Paulo, SP
Tel.: 0 xx 11 2618 7000
Fax: 0 xx 11 2618 7030
www.editoravida.com.br

Originalmente publicado nos EUA com o título
The Volunteer Revolution

Todas as citações bíblicas e de terceiros foram adaptadas segundo o Acordo Ortográfico da Língua Portuguesa, assinado em 1990, em vigor desde janeiro de 2009.

Editor responsável: Marcelo Smargiasse
Editor-assistente: Gisele Romão da Cruz Santiago
Tradução: Maria Emília de Oliveira
Revisão de tradução: Andrea Filatro
Revisão de provas: Josemar de Souza Pinto
Diagramação: Karine P. dos Santos
Capa: Arte Peniel

1. edição: jan. 2013

Dados Internacionais de Catalogação na Publicação (CIP)
(Câmara Brasileira do Livro, SP, Brasil)

Hybels, Bill
A revolução do voluntariado: liberando o poder de cada um de nós / Bill Hybels; tradução Maria Emília de Oliveira. — São Paulo: Editora Vida, 2013.

Título Original: *The Volunteer Revolution: Unleashing The Power of Everbody*
ISBN 978-85-383-0265-0

1. Obras da igreja 2. Voluntariado — Aspectos religiosos — Cristianismo I. Título.

12-15346 CDD- 253.7

Índices para catálogo sistemático:
1. Voluntariado : Cristianismo 253.7

A dedicatória de um livro é, quase sempre,
um sofrimento para mim. Desta vez não foi.
Desde o dia em que me comprometi com este projeto,
mal pude esperar para dedicá-lo aos heróis
voluntários da Igreja Willow Creek.
Eles colocaram em prática o sonho de "cada membro,
um ministro" com mais vigor que qualquer outra igreja
local que conheço no mundo. Sei que faz parte
do trabalho do líder inspirar e motivar a equipe.
Na Willow, verdade seja dita, a equipe tem motivado
e inspirado o líder muito mais que imagina.
Eu já disse isso a eles centenas de vezes,
mas tenho o dever de expressar-me novamente
aqui e agora: Servos de Jesus Cristo na Willow,
tenho enorme respeito por vocês. Parabéns!

Sumário

Agradecimentos

Nunca fiz nada de valor sem a colaboração de outras pessoas. Este livro não é exceção à regra. A corajosa equipe da Zondervan enfrentou uma tempestade de neve em janeiro para manifestar seu entusiasmo por este projeto. Que pessoal animado! Scott Bolinder e Bruce Ryskamp continuam a desafiar o velho ditado: "Amigos, amigos; negócios à parte". Temos trabalhado juntos na produção de livros há quase vinte anos, e a nossa amizade aumentou. Obrigado, rapazes.

Jim Mellado, presidente da Associação Willow Creek, exerceu uma pressão carinhosa sobre mim durante anos para que eu colocasse no papel algumas reflexões sobre voluntariado. Deus usou esse homem mais do que ele imagina.

O nosso grupo das quintas-feiras à tarde reuniu-se em meu escritório durante meses para encontrar ideias inovadoras sobre a questão do voluntariado. A "lima" dessa gente afiou a minha.

Tammy Kelley, que patrocina o voluntariado na Willow, enviou-me o tempo todo uma enxurrada de *e-mails*, para lembrar-me de que a igreja jamais atingirá seu potencial máximo sem um número cada vez maior de voluntários cheios de entusiasmo. Obrigado, Tammy.

E, por fim, minha esposa, Lynne, mergulhou no mundo dos voluntários da Willow por mais de um ano na tentativa de entender o coração do grupo. O coração dela jamais será o mesmo. Seu talento de escritora e sua habilidade na edição tornaram este livro possível, e não tenho palavras para agradecer.

Capítulo 1

É para isto que fui criado

Porque somos criação de Deus realizada em Cristo Jesus para fazermos boas obras, as quais Deus preparou antes para nós as praticarmos.

Efésios 2.10

Alguns anos atrás, um membro novo da nossa equipe na igreja perguntou como eu tinha coragem de pedir a pessoas tão atarefadas no trabalho ou em casa que se envolvessem como voluntárias na igreja.

— Você não se sente um pouco culpado por fazer isso? — ele perguntou. — Não é injusto sobrecarregar essa gente?

O argumento dele era lógico. Mas o meu era mais lógico ainda:

— Nos próximos meses, você conhecerá pessoas que ficam em pé diante de máquinas perfuradoras, dez horas por dia, cinco ou seis dias por semana. Quando chegam em casa à noite, poucas sentem o prazer, o significado e o propósito de vida que veem anunciados em comerciais de cerveja ou de programas de computadores. São pessoas devotas e conscientes, agradecidas pelo trabalho que têm. Mas as máquinas não lhes proporcionam satisfação para a alma.

— Você conhecerá excelentes corretores de imóveis — prossegui — que mostram 30 casas por semana. Se tiverem sorte, alguém fará uma oferta, porém isso não costuma ocorrer todas as semanas. Muitos são pessoas extrovertidas que gostam de mostrar propriedades e ajudar famílias a encontrar a casa certa, mas, mesmo assim, provavelmente não chegam em casa à noite sentindo uma profunda alegria interior por causa do último imóvel que mostraram.

— Você conhecerá excelentes corretores de seguros que vendem apólices há mais de vinte anos. Embora sejam agradecidos por ter uma renda suficiente para colocar comida na mesa e pagar os estudos dos filhos na faculdade, a ideia de vender mais uma apólice provavelmente não os faz explodir de emoção.

— Você conhecerá vendedores de carros, corretores de valores, pedreiros, policiais e encanadores que, apesar do compromisso assumido na carreira profissional ou no emprego, são sinceros o suficiente para admitir que sua vocação secular não satisfaz as necessidades mais profundas que lhes agitam a alma.

— Alguns amam o trabalho ao qual se dedicam e sentem-se estimulados e revigorados por ele. Outros, ao chegar ao fim do expediente todos os dias, sabem que honraram a Deus com seu trabalho e amor pelas pessoas. Mas poucos dizem: "É em torno disto que a vida gira".

Olhei diretamente nos olhos de meu jovem amigo. — Você e eu temos de convidar essas pessoas para serem usadas por Deus como nunca imaginaram. Temos a oportunidade de capacitá-las a desenvolverem dons que nunca sonharam ter. Podemos animá-las à medida que assumem corajosamente no Reino níveis mais elevados de responsabilidade que farão o coração delas transbordar. E temos de ver o olhar no rosto delas quando entenderem que Deus as usou para tocar o coração de outros seres humanos.

— Não — eu disse. — Nunca me senti culpado por ter convidado alguém para ser voluntário na nossa igreja. Nunca.

Em uma missão

Quando decidiu estabelecer um propósito para sua vida, o autor de Eclesiastes começou a juntar uma enorme soma de dinheiro, mas acabou descobrindo que o dinheiro não proporcionava aquilo que ele esperava. Então buscou poder e conseguiu o que queria, mas descobriu que o poder também não lhe trazia satisfação. Em seguida, empreendeu uma busca desesperada por prazer. Depois, por fama e notoriedade. E, após tantos esforços, proferiu as famosas palavras: "Tudo era vaidade" (Eclesiastes 2.11, *Almeida Revista e Atualizada*). Ou, conforme diz a Nova Versão Internacional, "tudo foi inútil, foi correr atrás do vento".

Não fomos criados para correr atrás do vento.

Fomos criados para participar com Deus de uma missão. Algumas pessoas pensam que Deus está suspenso no ar, em algum lugar além das extremidades do Universo, ouvindo uma música de adoração de ótima qualidade. A Bíblia vê esse assunto de modo muito diferente. Ela ensina que Deus trabalha 24 horas por dia, 7 dias por semana, no mundo inteiro, levando graça, misericórdia e poder a seus seguidores, para corrigir, redimir e consertar este planeta caído.

É como se Deus usasse luvas para trabalhar. E ele nos chama para arregaçar as mangas e trabalhar com ele usando os nossos talentos, o nosso dinheiro, o nosso tempo e a nossa paixão. Deus quer que sua missão seja a nossa. "Se você está correndo atrás do vento", ele diz, "pode continuar a fazer isso. Ou pode aliar-se a mim, e, juntos, transformaremos este planeta doente".

Como você se sentiria caso, ao encostar a cabeça no travesseiro à noite, pudesse dizer: "Sabe o que fiz hoje? Trabalhei em parceria com Deus para mudar o mundo"?

O desejo de ser um agente de mudança no mundo está plantado no coração de cada ser humano, e esse desejo vem diretamente do coração de Deus. Podemos sufocá-lo por egoísmo, silenciá-lo com a conversa fiada de que não podemos deixar de ser competitivos ou passar por cima dele para conseguir uma promoção por meios mais rápidos. Mas o desejo continua presente. Todas as vezes que nos perguntamos se a vida se resume no trabalho árduo e diário das 8 às 17 horas ou na tarefa interminável de cuidar dos filhos, o desejo divino nos dá um cutucão. Todas as vezes que nos sentimos agitados e insatisfeitos, o desejo sussurra na nossa alma. Todas as vezes que questionamos como seria uma vida de verdadeiro propósito, o desejo nos chama a fazer algo mais.

Um mundo transformado

Jesus deixou muito claro qual era a ideia de Deus a respeito de um mundo transformado, primeiro dentro da comunidade de cristãos chamada Igreja e, depois, quando os valores dessa comunidade se espalharam pelo mundo:

- Quando disse que devemos *amar o Senhor, o nosso Deus, de todo o nosso coração, de toda a nossa alma e de todo o nosso entendimento, e o nosso próximo como a nós mesmos*, ele nos chamou a trocar uma religião ritualizada por um relacionamento de amor sincero com Deus e oferecer aos outros a mesma atenção, a mesma honra e a mesma compaixão que damos a nós mesmos.

- Quando enfatizou seus ensinamentos sobre a *preocupação com os pobres, com os fracos e com os oprimidos*, ele descreveu um novo sistema de valores.
- Quando nos ordenou que pegássemos *a nossa cruz e o seguíssemos*, ele nos disse explicitamente que, para segui-lo, teríamos de nos sacrificar, passar por sofrimentos e matar o egoísmo dentro de nós.
- Quando nos disse para *sairmos pelo mundo e pregarmos o evangelho, batizando em nome dele e contando aos povos tudo o que ouvimos dele*, ele deixou bem claro o seu desejo de nos incluir no chamado para trabalhar como missionários no mundo inteiro. O chamado para amar o próximo como a nós mesmos inclui tanto o nosso próximo do outro lado do Globo como aquele que mora ao lado.

A transformação que Deus almeja modifica tudo: casamentos, famílias, amizades, sistemas econômico e político. Enaltece os humildes, humilha os soberbos e aproxima pessoas separadas por questões raciais, sociais e culturais. Chama-nos a termos uma vida que, conforme diz o pastor Rob Bell, da Mars Hill Bible Church, *adora vencer* — na discussão com o cônjuge, na conversa com o vizinho, no encontro com uma pessoa desconhecida, na decisão que tomamos, na reação diante de um necessitado, na atitude em relação ao inimigo... na escolha que fizemos de servir.

Um momento poderoso

Quando pergunto aos voluntários mais antigos qual foi o momento em que eles tomaram a decisão de trabalhar na missão de Deus até darem o último suspiro nesta vida, quase sempre eles se lembram de uma ocasião específica que selou seu compromisso.

"Naquele instante", eles dizem, "senti que o Deus do céu e da terra estava me usando e descobri que não há nada no mundo semelhante a isso. Foi a melhor experiência que tive!".

No momento em que ensinaram uma criança a orar, levaram alguém a conhecer a fé, ajudaram um casal a reconciliar-se, serviram refeição a um sem-teto ou gravaram uma mensagem cristã e a entregaram a um vizinho, eles souberam que sua vida jamais seria a mesma.

Atos 13.36 fala de Davi, personagem do Antigo Testamento. O texto diz simplesmente que Davi serviu ao propósito de Deus em sua geração. Adoro a clareza dessa sentença. Davi não perdeu tempo correndo atrás do vento. Dedicou-se de corpo e alma à missão de Deus e morreu sabendo que sua vida atingira seu mais sublime propósito.

Participante ou espectador?

Nunca fui um grande atleta, mas joguei tempo suficiente para saber que, quando se trata de esporte, é muito mais emocionante ser participante que espectador.

Durante cinco anos no início da década de 1980, joguei com um grupo de amigos em uma liga de futebol americano em um campo do distrito. A maioria dos times contra os quais jogávamos era composta por rapazes grandalhões que trabalhavam no ramo da construção e bebiam muito após o expediente. Quando entravam em campo, a única coisa que eles queriam era dar uma surra em alguém.

Nós, que frequentávamos a igreja, não éramos grandalhões nem beberrões, mas, com velocidade e astúcia, conseguíamos nos sair razoavelmente bem. Vencemos várias vezes o campeonato das terças-feiras à noite no campo do distrito.

Nesses mesmos cinco anos, servi como capelão no time de futebol do Chicago Bears. Várias vezes o time me deu ingressos especiais para assistir aos jogos no Soldier Field durante a campanha espetacular do Bears rumo ao Super Bowl.

Às vezes, no domingo à tarde ou na segunda-feira à noite, lá estava eu no Soldier Field, sentado diante da linha das 50 jardas, vendo o Bears, campeão do mundo, massacrar seus adversários. Eu tentava concentrar-me no jogo, mas ao ver alguém pegar uma bola passada em espiral... queria que fosse terça-feira à noite para eu poder pegar a bola. Via alguém fazer um belo bloqueio... lembrava-me do choque que tive com um grandalhão na semana anterior. Apesar das contusões causadas pela minha participação no jogo, eu queria trocar o Soldier Field pelo campo lotado do distrito. Queria estar *em* ação, não apenas observar.

Atualmente, a minha paixão recreativa é velejar. Três vezes, pela graça de Deus, tive a oportunidade de ver o maior evento de corrida de barcos à vela do mundo, a Copa da América. Sentado no convés do barco de um amigo nas águas espetaculares de Auckland, Nova Zelândia, vi os principais barcos de corrida e as tripulações alinhados para a competição.

No entanto, eu pensava o tempo todo: "Preferia participar de uma das regatas em nosso lago Michigan com meus oito amigos no meu barco à vela usado e surrado a ser um espectador na decisão da Copa América".

A posição de espectador jamais se compara às emoções e calafrios de estar no meio da ação. É muito melhor ser perdedor em uma regata que tomar uma limonada no conforto do barco de um amigo. E penso que não sou a única pessoa que se sente assim.

Todas as pessoas que frequentam a igreja têm uma escolha a fazer. Elas podem parar o carro no lugar costumeiro do estacionamento da igreja, caminhar até um assento confortável em sua fileira favorita, assistir a um bom culto, bater papo com os amigos e voltar para casa. Essa escolha transforma as manhãs de domingo em uma experiência agradável e segura. Ou elas podem mergulhar em uma aventura, arregaçar as mangas, unir-se a uma equipe de servos com as mesmas opiniões e ajudar a formar a igreja local da qual Deus as chamou a fazer parte.

Recebo cartas e *e-mails* o tempo todo de voluntários que descobriram que servir é muito mais gratificante que observar. Aqui está um exemplo:

> Três anos atrás você me lançou o desafio de trabalhar como voluntário. A princípio hesitei, mas você não desistiu. Hoje, não sei como lhe agradecer. O significado que tenho na vida, a sensação de domínio que sinto, as amizades que tenho feito, o crescimento espiritual que tenho experimentado — tudo isso está ligado diretamente ao fato de eu ter encontrado o meu lugar adequado para servir. Serei grato a você pelo resto da vida por ter-me convidado a participar do jogo.

No decorrer deste livro, você encontrará dezenas de trechos extraídos de *e-mails* que recebi dos voluntários da nossa igreja — e de outros lugares — que encontraram propósito na vida quando finalmente assumiram o compromisso de servir.

A maioria não deparou com seu lugar perfeito no voluntariado da noite para o dia. Muitos serviram fielmente em situações nada ideais antes de descobrir aquilo em que eram realmente bons. Alguns não tinham ideia do ponto do qual deveriam começar. Mas eles começaram. Experimentaram.

Mesmo sentindo-se assustados ou achando que tinham pouco a oferecer, decidiram dar o primeiro e pequeno passo.

Algumas pessoas sobre as quais você lerá tentaram silenciar a voz que as chamava a abandonarem o hábito de pensar em si mesmas e passar a servir. Deus, porém, não desistiu. E hoje elas são as defensoras mais entusiasmadas do serviço ao próximo.

Um homem escreveu o seguinte:

> A minha vida girava em torno de uma coisa: eu. Eu era um sujeito que servia a mim mesmo, sem nenhum propósito ou paixão na vida. Levava uma vida infeliz, gastando tempo e dinheiro com cervejas e emoções insignificantes. Mas chegou o dia em que entrei em uma igreja e ouvi a mensagem de Cristo: Entregue a sua vida a serviço dos outros, e você a achará. Eu não tinha muito para oferecer, por isso decidi fazer uma tentativa.
>
> Foi aí que minha vida começou a mudar e Cristo se tornou mais real para mim. Comecei a trabalhar com adolescentes e encontrei um propósito... um motivo para a minha existência.
>
> Faz vinte e um anos que entrei naquela igreja. Hoje, a minha vida é mais produtiva do que jamais imaginei. Servir aos outros fez diferença. Foi uma das melhores decisões que tomei.

Esta é a experiência de uma mulher chamada Marty:

> Dois anos atrás comecei a trabalhar como voluntária no nosso ministério para crianças que passaram pela experiência do divórcio. Eu era divorciada e me lembrava

claramente da dificuldade de criar os meus filhos sozinha, lutando com tudo o que estava acontecendo na minha vida e com o pouco de energia que restara para cuidar deles. Quando ouvi falar daquele ministério, convenci-me de que Deus estava me chamando para participar dele.

Todas as semanas, eu via crianças que chegavam lutando contra a raiva e o medo e saíam com esperança e paz. Como eu gostaria que meus filhos tivessem sido assistidos daquela maneira!

Muitas pessoas hesitam em trabalhar como voluntárias por medo de fracassarem. Eu também me sentia assim. Quando, porém, permitimos que Deus nos guie aonde ele quer que sirvamos, encontramos uma satisfação e uma alegria incríveis. Não abandono esse serviço por nada neste mundo.

Por que não me sinto culpado por pedir que as pessoas trabalhem como voluntárias na igreja local? Porque sei que as palavras de Marty são verdadeiras. As pessoas que permitem que Deus as conduza aonde ele deseja que elas sirvam sentem "uma satisfação e uma alegria incríveis".

E quanto a você? Não é hora de sair da arquibancada, pular por cima de alguns bancos, vestir o uniforme do time e entrar em campo? Eu lhe garanto: é muito mais divertido ser participante que espectador. Por que ficar olhando os outros mudarem o mundo se você pode unir-se a eles?

Mexa-se.

Capítulo 2

Não acredito que consigo fazer isto!

Eric sabe o que é dinheiro. Como banqueiro corporativo e internacional por quase trinta anos, ele já emprestou milhões de dólares e movimentou somas enormes de dinheiro ao redor do mundo. E adora fazer isso. "Nunca me canso do desafio", ele diz. Contudo, apesar do prazer e do sucesso que Eric encontrou no trabalho, outras áreas em sua vida permaneciam inexploradas e frustradas.

Antes de ser banqueiro, Eric trabalhou como professor em uma escola da periferia e nunca perdeu a paixão por servir crianças e famílias necessitadas. E isso foi bom porque, de repente, ele encontrou uma criança muito necessitada que morava sob seu teto.

Karen, esposa de Eric, decidiu adotar uma criança logo depois que o caçula dos quatro filhos do casal completasse 7 anos de idade. Eric apoiou a decisão da mulher, mas disse que ela teria de cuidar da criança sozinha porque ele vivia muito ocupado com o trabalho e as viagens.

No entanto, a adoção transformou-se rapidamente em um "ministério de família". Os 11 bebês que passaram a morar na casa e no coração do casal durante a década seguinte despertaram em Eric seus antigos interesses.

Quando teve a oportunidade de conseguir uma aposentadoria antecipada, Eric abandonou "o mundo empresarial para fazer algo mais dirigido ao coração, algo pelo qual eu nutria uma paixão". Nos anos seguintes, Eric se tornou "voluntário profissional", como ele próprio diz.

Ele e seu filho adulto já trabalhavam duas semanas por ano como voluntários na construção e manutenção do acampamento da nossa igreja no norte de Michigan. Eric também fazia parte da *Equipe de Solo*, que cuida de toda a área ajardinada da propriedade da nossa igreja. E havia começado a trabalhar como voluntário em companhia da esposa e da filha em uma classe de escola bíblica dominical para crianças entre 1 e 3 anos de idade.

Com mais tempo para investir, ele ingressou em uma das nossas equipes de *Comércio & Engenharia*, um grupo de aproximadamente 20 voluntários que se reúne quinzenalmente nas segundas-feiras à noite para estudar a Bíblia e trocar experiências em pequenos grupos; nas segundas-feiras livres, eles trabalham como voluntários em consertos mecânicos, de eletricidade e marcenaria em todo o edifício da igreja. Com isso, a igreja economiza milhares de dólares por ano — dólares que podem ser usados em ministérios que tocam diretamente a vida das pessoas. "É uma questão de boa administração", Eric diz. "Por que a igreja precisa gastar dinheiro com trabalhos que podem ser realizados por voluntários que adoram fazer isso?".

Eric chegou mais perto ainda de sua paixão original quando ingressou nas equipes de voluntários que trabalham em serviços de construção e reabilitação para igrejas locais e internacionais e ministérios relacionados às igrejas em áreas de famílias de baixa renda. Ele começou a liderar equipes nos *Ministérios de Extensão*, que oferecem oportunidades aos voluntários da igreja para trabalharem em parceria com ministérios da periferia no serviço a sem-teto, jovens em risco de vida, mães solteiras, prisioneiros, prostitutas e outros grupos carentes.

"A Bíblia diz que a fé sem obras é morta", afirma Eric. "Esta é uma das formas de pôr nossa fé em ação."

Como membro do conselho consultivo dos nossos *Ministérios Internacionais*, os conhecimentos especializados de Eric em finanças internacionais e o domínio de vários idiomas, bem como suas habilidades no ramo da construção, encontram uma válvula de escape perfeita. Uma semana ele se debate com números em uma reunião de diretoria na igreja. Na semana seguinte ele martela pregos na construção de um edifício da igreja de uma região de poucos recursos na América Latina ou troca ideias com um dos nossos parceiros de ministério de língua hispânica.

Karen também trabalha em tempo integral como voluntária. Além de cuidar de crianças adotivas, ela quinzenalmente serve alimentos ao grupo dos sem-teto que vão à igreja nas quintas-feiras à noite. Karen começou a fazer isso para atender ao pedido da filha, mas agora não quer mais abandoná-lo. "Eu não imaginava como é emocionante ajudar os nossos convidados a relaxar e oferecer-lhes um pouco de conforto."

No último verão, ela e a filha passaram uma semana trabalhando em um orfanato na empoeirada península de Baja, no México. "Ver a minha filha distribuir comida, lavar e cortar cabelos, brincar e cantar com as crianças em um acampamento de casebres de lata, habitados por trabalhadores braçais, foi um dos momentos mais felizes da minha vida como mãe."

Além disso, Karen trabalha como voluntária uma vez por semana em uma pré-escola para crianças pobres numa comunidade perto da casa onde mora. "A professora está assoberbada, e não gosta nem um pouco de fazer 'trabalhos artísticos', por isso levo todos os materiais e ensino arte às crianças." Sobre a mesa na sala de estar de Karen, ao lado das lindas fotografias de seus filhos adultos e dos adotivos, há também fotos dos pré-escolares exibindo com orgulho suas "obras de arte". Karen não para de sorrir enquanto observa as fotos, uma a uma.

"Tenho pensado em renovar a minha licença como fisioterapeuta", diz Karen. O caçula dos quatro filhos já está quase adulto, e ela atualmente cuida dos filhos de criação. "Mas aí penso: Por que renovar a licença? Sou muito feliz por trabalhar como voluntária. É muito divertido!"

"Durante anos", diz Eric, "fui apaixonado pela minha profissão. Trabalhava muito e acreditava que o sucesso só seria obtido no mundo empresarial. Mas aquilo mudou. E para melhor."

A filha de Eric escreveu em uma carta natalina: "Papai, quando você se aposentou do banco, enfrentou um novo capítulo de sua vida. Aquilo o transformou em uma pessoa diferente. Você tem um coração enorme, que brilha todas as vezes que volta para casa após um projeto na periferia da cidade ou em outros países. Hoje entendo qual é sua verdadeira paixão". Aquilo, para Eric, é uma nova – e aperfeiçoada – definição de sucesso.

As recompensas do voluntariado

Uma das minhas maiores emoções na liderança da igreja é ver pessoas como Eric e Karen descobrirem que Deus pode usar seus pequenos – e quase sempre ocultos – atos de amor e bondade para transformar vidas, igrejas, comunidades locais e, por que não dizer, o mundo. Adoro ver pessoas que põem em prática na vida diária aquilo em que acredito sinceramente: os voluntários podem transformar a sociedade e, ao mesmo tempo, encontrar profunda satisfação pessoal.

No entanto, a tarefa de mudar as convicções enraizadas sobre o voluntariado leva um bom tempo. Muitas pessoas acreditam que o voluntariado gira mais em torno de deveres e trabalhos maçantes que divertimento e satisfação.

Infelizmente, às vezes isso é verdade.

Muitos e muitos voluntários dispostos a trabalhar têm sido feridos "no trabalho". Aceitaram o convite para servir e acabaram ocupando uma posição no voluntariado que não foi planejada convenientemente, resultando em tarefas nas quais poucas pessoas encontram satisfação. Ou aparecem para trabalhar e descobrem que não têm nada para fazer; uma pessoa despreparada para coordenar o trabalho dos voluntários os faz desperdiçar as horas preciosas que conseguiram extrair de suas agendas lotadas.

Alguns trabalham incansavelmente em tarefas simples demais, sem nunca ter ouvido que seus esforços servem a uma causa maior; receberam uma carga enorme de trabalho, mas sem nenhum objetivo. Outros se sentem exaustos por exigências irracionais para as quais não receberam treinamento adequado; em vez de serem colocados no pelotão dos vencedores, foram colocados na pista expressa da frustração e do fracasso.

Muitos se sentem magoados quando um líder autoritário os arrasta para "preencher uma vaga" sem levar em consideração seus dons ou talentos ou o que amam fazer. Alguns dedicam horas – e até anos – ao trabalho voluntário em prol de uma organização ou igreja, sem receber um simples "obrigado".

O voluntariado, contudo, não precisa ser assim. As histórias reais apresentadas neste livro testemunham tanto a profunda satisfação dos voluntários quanto o enorme impacto que eles exercem sobre outras pessoas. Karen e Eric não são exceções à regra. Creio que a satisfação que sentem como voluntários deve ser, e pode ser, a regra geral.

A minha experiência com voluntários tem origem na igreja da qual sou pastor por quase três décadas. Nos primeiros anos da nossa aventura para implantar a igreja, a minha equipe e eu aprendemos algumas lições dolorosas sobre como tratar, e sobre como não tratar, os voluntários. O sofrimento que testemunhamos na vida de voluntários feridos nos forçou a reconhecer os nossos erros e a aprender a apoiar e incentivar esses servos dispostos a trabalhar.

Ao longo dos anos, aprendemos muito — e continuamos a aprender. Na verdade, todos os meses os líderes mais antigos da igreja se reúnem para fazer perguntas sobre o voluntariado:

- Estamos cuidando dos nossos voluntários como deveríamos?
- Estamos oferecendo o treinamento adequado?
- Há uma forma melhor de recrutá-los?
- Quais são as experiências pelas quais estão passando os voluntários fiéis da nossa igreja?
- Eles estão crescendo espiritualmente?
- Sentem que fazem parte integrante da equipe?
- Estão sendo fortalecidos pela visão geral da igreja?

Depois, conversamos com os voluntários a respeito dessas questões, para aprender com suas experiências e continuar a aperfeiçoar a cultura do voluntariado na igreja. Este livro originou-se, em grande parte, dessas conversas.

Aprendendo com os sucessos

Nem todos têm a condição que Karen e Eric desfrutam para serem voluntários em tempo integral. No entanto, muitas pessoas descobriram as recompensas do voluntariado intercalando algumas horas de seu trabalho secular em tempo integral ou da tarefa de criar os filhos também em tempo integral. Permita-me contar-lhe as histórias de alguns conhecidos.

Por volta das 7 horas de um sábado em novembro, entrei com o carro no estacionamento da igreja. Vi vários voluntários das equipes de solo fazendo limpeza no *campus* da igreja, cuidando dos canteiros de flores, retirando folhas mortas com rastelo e plantando bulbos da primavera. O trabalho das equipes de solo proporciona uma oportunidade particular de reunir a família e os amigos, por isso vi muitas crianças misturadas com os voluntários dos sábados (e as crianças voluntárias quase sempre se tornam adultos voluntários).

"Todas as vezes que entro com o carro na propriedade da igreja", diz um voluntário, "e vejo as flores, as árvores e o lago tão lindos e serenos, sei que a minha pequena contribuição ajuda a acalmar as pessoas ao entrarem no *campus* e as prepara para ouvir Deus falar com elas. Adoro fazer parte disso".

Quando estacionei o carro, avistei dois semitratores verde-escuros com *trailers* de alumínio reluzente, de 12 metros de comprimento, na última fila do estacionamento da igreja. Os veículos pertencem a um dos voluntários da igreja, proprietário de uma empresa de alimentos. Esses mesmos veículos seriam usados no fim de semana para transportar milhares de sacolas de mantimento para a despensa da igreja, localizada a alguns quilômetros de distância. Os membros reúnem-se rotineiramente para comprar mantimentos e os deixam em sacolas atrás dos carros durante cultos específicos de fins de semana. Voluntários em caminhonetes recolhem as sacolas durante os cultos e as colocam nos semitratores.

Alguns membros da nossa congregação, como o meu filho de 20 e poucos anos e seus amigos, batem nas portas da vizinhança e entregam aos moradores uma sacola vazia de supermercado para que tenham a oportunidade de enchê-la com alimentos para as famílias pobres da comunidade. "Se você deixar uma sacola cheia na varanda esta noite, pode ter certeza de que a levaremos a quem dela necessita." Aqueles jovens voluntários recolheram 40 sacolas com mantimentos em uma noite, para levá-las à igreja e colocá-las nos semitratores.

Quando os semitratores chegam à despensa, outros voluntários esvaziam as sacolas e reabastecem as prateleiras. Centenas de voluntários participam desse trabalho. E mais de cem voluntários se revezam semanalmente na despensa, para conversar, orar e distribuir alimentos a pessoas cuja fome espiritual tem a mesma dimensão da fome física.

Patsy, uma jovem mãe de quatro filhos e cheia de entusiasmo, ajuda a transportar os mantimentos para a despensa. Comentei com seu marido, Mike, que ambos deviam estar exaustos, uma vez que ele ajudava Patsy na enorme tarefa de distribuir os mantimentos na despensa, além de fazer parte do nosso comitê de reorganização e da diretoria. Sua resposta não deixou dúvida nenhuma sobre como ele e Patsy se sentiam.

"Você está brincando? Haveria no nosso coração um buraco do tamanho do Grand Canyon se não pudéssemos servir desta maneira. Não gostamos nem de imaginar como seria a nossa vida sem esse trabalho."

Dentro do edifício da igreja, há outros servos trabalhando ativamente nas manhãs de sábado.

Os voluntários do nosso ministério de jovens, responsáveis pelo som e pela iluminação do ambiente, terminaram o trabalho de montagem e começaram a ensaiar para o programa que apresentarão posteriormente, na parte da manhã. As músicas de adoração estremecem o piso e o teto da gigantesca sala de reuniões. No meio do pessoal correndo de um lado para o outro, gritando as instruções de última hora e orando antes da abertura das portas, há um ou dois profissionais remunerados. No entanto, a banda, a equipe da produção e os líderes de pequenos grupos são voluntários, cuja média de idade é 18 anos. Suas aventuras nas sextas-feiras à noite não os impedem de comparecer nas manhãs de sábado para fazerem diferença na vida de cerca de mil alunos do ensino fundamental II.

Enquanto isso, no auditório principal, voluntários sobem e descem por entre as fileiras de cadeiras dispostas em forma de cinema, para limpar os encostos e os assentos. Eles fazem isso todos os sábados de manhã como preparativo para os cultos de fim de semana. Um deles, Dale, frequenta a nossa igreja há quase três décadas. Ele é gerente de uma enorme imobiliária, mas nunca falta ao compromisso das manhãs de sábado. Duas coisas unem esses limpadores de cadeiras. Eles se divertem bastante e oram pelas pessoas que se sentam nos assentos que limparam.

Além dos limpadores de cadeiras, há uma equipe que conserta semanalmente os móveis bambos. A imensa sujeira deixada após os consertos é rapidamente retirada por uma equipe portando aspiradores de pó, que vai atrás dos consertadores de cadeiras para cima e para baixo, limpando os corredores. (E muita gente pensa que a limpeza e o conserto das cadeiras "acontecem naturalmente".)

Na livraria, Grace, de 78 anos, trabalha ativamente para abastecer as prateleiras e ajudar os clientes. Seu marido, Dave, de 83 anos, trabalha como voluntário na produção de gravações em áudio. Juntos, eles também dirigem um pequeno grupo para casais. Começaram a atuar como voluntários na igreja no início da década de 1980, quando Dave ainda trabalhava em período integral como engenheiro; desde então, ambos já atuaram em dezenas de ministérios. No início, o trabalho e as responsabilidades familiares mantinham Dave ocupado durante a semana, mas os sábados eram livres. E já faz dez anos que ele passa as tardes de sábado esvaziando todas as lixeiras do edifício da igreja (na época, não tínhamos uma equipe de zeladoria remunerada). Aos domingos, enquanto esperava Grace terminar o trabalho na livraria, ele percorria os berçários e as classes de crianças pequenas, recolhendo fraldas sujas. Colaborava também como consultor de engenharia em grandes projetos de construção realizados pela igreja; pouco tempo atrás, eu o vi sentado diante de uma mesa de reuniões, examinando cuidadosamente as especificações para um sistema de ar-condicionado. Apesar de Dave enfrentar uma batalha contra o câncer, ele e Grace se recusam a desistir do voluntariado. "É o trabalho mais gratificante que fazemos", eles insistem em dizer.

Em outra sala, Jim e sua esposa, Lynn, atuam como voluntários em um *workshop* mensal para ajudar os recém-chegados à igreja a se entrosarem nos pequenos grupos e terem oportunidades de servir. Jim, que instala e mantém sistemas de computadores para uma enorme empresa de reciclagem durante a semana, dirige e treina os facilitadores de mesa que atuam nos *workshops* de sábado. Lynn, membro da equipe da igreja, trabalha como voluntária para orientar pessoalmente aqueles que procuram o grupo certo de voluntariado. Além disso, Jim e Lynn põem sua casa o ano inteiro à disposição dos visitantes internacionais que participam de convenções na igreja. Jim também toca trombeta na banda da igreja há quase quinze anos, e Lynn colabora com o ministério de oração. Quando pergunto a respeito de seu trabalho como voluntário, Jim mal consegue expressar sua emoção:

"Isso nunca envelhece", ele diz. "Servir – é o que amamos fazer. É a nossa vida."

Às 8h15, as salas do *Promisetowne*[1] estão lotadas de crianças de até 6 anos de idade. Enquanto os pais e as mães trabalham como voluntários nos vários ministérios das manhãs de sábado – atendendo aos alunos de 7 a 9 anos, colaborando em um *workshop* de desenvolvimento de carreira profissional, dirigindo um grupo de apoio a pessoas com mal de Alzheimer ou orando por pedidos entregues ao ministério de oração –, as crianças aprendem e brincam em um ambiente pré-escolar dirigido por outros voluntários, em geral adolescentes ou pais com filhos adultos. Esses voluntários que cuidam de crianças dedicam-se à tarefa de proporcionar aos pais a oportunidade de sentirem as alegrias de servir. O *Promisetowne* abre quatro dias por semana e conta com um núcleo de 80 a 90 voluntários que cuidam de quase cem crianças diariamente, permitindo que muitos pais jovens prestem serviços voluntários durante a semana na livraria ou no centro de alimentação, como assistentes administrativos, como base de apoio aos líderes de grupos e em outras funções relacionadas a ministérios da igreja.

Quando implantamos a nossa igreja, não tínhamos dinheiro para contratar funcionários. Tínhamos um sonho... e, a bem da verdade, nada além disso.

Começamos, então, a trabalhar como voluntários. À noite, eu intermediava a venda de frutas e verduras frescas no Water Street Market, em Chicago, para a empresa atacadista do meu pai. Lynne dava aulas particulares de flauta e trabalhava em uma livraria cristã. As outras pessoas do núcleo inicial trabalhavam como professores do ensino fundamental, motoristas de ônibus fretados,

1 Ministério infantil da igreja de Willow Creek. [N. do T.]

corretores imobiliários em início de carreira. Tínhamos um ferramenteiro, um produtor de vídeo e um tipógrafo. Muitos de nós ainda cursávamos a faculdade, mas tínhamos a convicção de que, se dedicássemos tempo e talento da maneira mais fiel possível, poderíamos transformar o nosso sonho em realidade.

Hoje, entendemos que a falta de dinheiro foi provavelmente uma dádiva magnífica. Forçou-nos a descobrir uma grande verdade: a igreja destinava-se a ser, em primeiro lugar, uma organização de voluntários. O verdadeiro poder da igreja é o poder de *todos*, tanto de homens como de mulheres, tanto de jovens como de adultos, em oferecerem seus dons e colocarem em prática o plano redentor de Deus.

Jesus tomou deliberadamente uma decisão estratégica quando convidou Pedro, Tiago, João e outros discípulos para ajudá-lo a proclamar as boas-novas do Reino. Ele poderia ter formado seu ministério de outras maneiras. Poderia ter feito tudo sozinho. Poderia ter insistido em que todos os seus seguidores trabalhassem como missionários em tempo integral por um período restrito de dois ou três anos durante a primeira década de discipulado.

Jesus, porém, preferiu dar andamento a sua obra colocando o trabalho nos ombros de pessoas comuns que viviam no mundo real da família, dos negócios e da comunidade. Ele acreditava que os mesmos talentos usados para fazer potes de barro, cuidar de rebanhos e assar pães poderiam ser usados para proclamar o Reino de Deus.

O apóstolo Paulo tinha um conceito tão firme em relação ao voluntariado que, em 1Coríntios 9, lembrou ao povo que ele próprio era voluntário. Fazia tendas nas horas vagas para sustentar-se a fim de que pudesse atuar como pastor e líder sem se tornar um peso financeiro para a igreja.

Eu sou um membro remunerado da equipe. E não tenho palavras para expressar a minha gratidão pelas outras pessoas talentosas, trabalhadoras e criativas, também remuneradas, com quem trabalho. Só que o Reino de Deus não tem condições de ir adiante por intermédio apenas dos esforços do pessoal remunerado da igreja. Creio que a igreja é a esperança do mundo. Essa esperança, porém, fundamenta-se na boa vontade dos voluntários de todas as profissões — médicos, professores, mães do lar, executivos, universitários, enfermeiros, avós, engenheiros aposentados, marceneiros, dentistas, cabeleireiros, estudantes do ensino médio, funcionários do comércio em geral — para que sejam mobilizados, capacitados e usados por Deus.

O potencial para fazer diferença

Ao longo dos anos, tenho ouvido falar sobre grandes servos de Deus que se descrevem como "simples voluntários". Antes de prosseguir na escrita deste livro, quero deixar um ponto muito claro. A expressão "um simples voluntário" não deveria fazer parte do nosso vocabulário.

A igreja que pastoreio não existiria sem os milhares de horas doadas todos os meses por voluntários cheios de entusiasmo. Não há dinheiro suficiente no mundo para pagar todas as boas ações que precisam ser feitas em nome de Deus, sem perda de tempo, na minha e na sua igreja, na minha e na sua comunidade, no meu e no seu país.

Sem as horas dedicadas ao trabalho pelos voluntários, inúmeras feridas não seriam tratadas, bocas não seriam alimentadas, pessoas em sofrimento não seriam consoladas, casamentos desfeitos não seriam restaurados, pessoas solitárias não seriam abraçadas, crianças não seriam nutridas. Inúmeros copos de água fresca jamais seriam oferecidos em nome de Jesus, e inúmeras pessoas que buscam coisas espirituais jamais seriam ajudadas e preparadas para aceitar Cristo.

Quer Deus o tenha abençoado com 40 horas semanais de tempo livre, quer você tenha de extrair à força 40 minutos por mês de sua agenda lotada, você tem grandes possibilidades de fazer diferença no cantinho do mundo em que vive.

O que você tem a oferecer? Provavelmente, mais do que imagina. Você tem dons e talentos inatos. Paixões que o inspiram. A bênção de ter conseguido estudar. Habilidades que aprimorou nos trabalhos domésticos ou na carreira profissional. Experiências de vida que o fizeram amadurecer. Sofrimentos que marcaram sua vida. O amor ao próximo que derrama do coração de Deus para o seu.

Essas são as ferramentas poderosas para o bem que Deus distribuiu generosamente a todos os seus filhos. Por quê? Para que pudéssemos derramar bondade sobre as outras pessoas. Esta é uma das minhas definições favoritas de igreja: uma "comunidade de bênção" – uma comunidade abençoada por Deus para abençoar o mundo.

Tão logo decida investir na vida dos outros uma porção mínima das bênçãos que Deus concedeu a você, descobrirá a semente de uma poderosa semeadura na sua alma. E um dia, quando você se doar no espírito e na prática do voluntariado, essa semente florescerá e se transformará na incrível descoberta de que é para *isto* que você foi criado!

Capítulo 3

Servir: o grande jogo

> Nós amamos e servimos os outros porque esse é o comportamento normal das pessoas cheias do Espírito de Deus. Somos cristãos. Cristo foi o servo por excelência. Não podemos deixar de servir, porque o Espírito do Servo encheu o nosso coração. Quando servimos, estamos apenas agindo de acordo com aquilo que naturalmente somos.
>
> Steve Sjogren[1]

A maioria de nós deseja ter uma vida com propósito. Queremos entregar-nos a uma causa digna. Contudo, os anos em que fomos bombardeados pelas mensagens de uma cultura de egoísmo deixaram-nos confusos. *Deleite-se a si mesmo. Satisfaça seus desejos. Sacie seus apetites. Busque prazer. Você é a pessoa mais importante do mundo.*

Em razão dessas mensagens, é fácil entender o nosso medo de que investir tempo e energia a serviço de Deus e dos outros prejudicará a nossa vida. *O que realmente acontecerá*, indagamos, *se deixarmos a confortável posição de espectadores na arquibancada e sujarmos as nossas roupas nas quadras esportivas do trabalho de servir aos outros? Será que ficaremos atarefados demais e teremos de trabalhar ainda mais... sem um aumento proporcional na nossa conta bancária? E, se isso for verdade, terá algum sentido?*

[1] Ed. geral. **Seeing Beyond Church Walls**. Loveland, Colo: Group Publishing, 2002. p. 39.

Se eu me dedicar à tarefa de servir, perguntamos, *acabarei gostando disso ou detestando? A vida será mais gratificante? Ou mais extenuante? Crescerei espiritualmente, ou essas exigências extras enfraquecerão a minha vida espiritual? Por que devo me envolver nisso? Valerá a pena?*

Essas perguntas me atormentavam em 1972 quando senti um cutucão de Deus para trabalhar como voluntário com um grupo de colegiais em Park Ridge, Illinois. Deus enviou Gilbert Bilezikian, um professor universitário, de baixa estatura e ombros largos, para ajudar-me a encontrar as respostas.

O dr. B, um refugiado armênio exilado em Paris durante a juventude, dava aulas sobre o Novo Testamento com um elegante sotaque francês – mas não havia nada de elegante em sua mensagem. Seu chamado radical para seguir Jesus e ter uma vida de sacrifício e serviço ao próximo abalou completamente as minhas estruturas.

Eu era um jovem arrogante de 21 anos, em busca de emoções, nascido em família abastada. Tinha à disposição barcos, aviões particulares, carros velozes e Harleys Davidsons muito antes de ter condições de manejá-los legalmente. Viajava por toda a América do Sul, Europa, África. Passava férias na famosa praia de Copacabana, no Rio de Janeiro. Sabia aproveitar a vida!

No entanto, aquele professor atarracado de meia-idade me pegou pelo pescoço e expulsou toda a minha arrogância.

"Alunos", ele dizia, "a verdadeira satisfação nunca se origina da autogratificação". Enquanto os meus colegas dormiam, eu suava frio. As palavras dele contradiziam todas as minhas crenças.

"A autogratificação nunca levará à plenitude de vida que vocês buscam. Ela os levará ao vazio e à autodestruição. E, ao longo do caminho, vocês destruirão outras pessoas." Eu mal conseguia respirar.

O dr. B explicou a todos os que frequentavam suas aulas que a maioria das pessoas fica imaginando o que é necessário para chegar ao último degrau da escada. Se trabalham em Wall Street, o objetivo é ganhar muito dinheiro. Se trabalham em Hollywood, a jornada rumo à fama significa produzir filmes que recebam prêmios. Se vivem em Washington, D.C., o segredo é chegar o mais perto possível do Salão Oval.

"Todos nós queremos chegar ao último degrau da escada", ele afirmava, "mas Jesus disse que o caminho para ser o maior em seu Reino é tornar-se servo fiel do Pai e ajudar uns aos outros como servos humildes."

Servo de todos?

A decisão de se tornarem seguidores de Jesus mudou radicalmente a vida dos primeiros discípulos. Eles deixaram família, amigos e trabalho para serem peregrinos sem teto, confiando seu futuro às palavras quase sempre perturbadoras de um mestre revolucionário.

Por uns tempos, é claro, a sensação era a de uma grande aventura. Tomemos Pedro como exemplo. Todos os dias durante anos ele descia até a praia, entrava no barco, lançava as redes, recolhia uma boa quantidade de peixes, contava quantos havia pescado, levava-os ao mercado, trocava-os por algumas moedas, comprava comida e voltava para casa. Tarefa pouco brilhante.

Então ele conheceu Jesus e passou a ser o braço direito do líder mais poderoso, mais talentoso e mais carismático da época. Por meio de milagres, Jesus alimentou multidões, curou enfermos e deu vida aos mortos. Quem poderia imaginar o resultado de tudo aquilo? Pedro se considerava uma estrela, e a estrela estava em ascensão.

No entanto, a situação começou a ficar confusa. O costume de Jesus de desafiar corajosamente os valores egoístas dos líderes políticos e religiosos provocou hostilidade. Seu chamado implacável a um modo de vida diferente ameaçava criar grandes problemas a seus seguidores.

Os discípulos sempre tiveram dificuldade de aceitar o chamado radical de Jesus de servir a Deus e ao próximo. "Se alguém quiser ser o primeiro", ele lhes dizia, "será o último, e servo de todos".[2]

Não haveria um pouco de exagero?

Depois, ele começou a usar uma linguagem realmente desconfortável: negue-se a si mesmo, tome sua cruz, entregue sua vida.

Em Mateus 19.27, Pedro decide fazer a pergunta que, provavelmente, todos os discípulos queriam fazer: "Nós deixamos tudo para seguir-te! Que será de nós?".

Tenho certeza de que havia no coração de Pedro um desejo sincero de abandonar sua vida em favor da causa de Jesus. Mas ele não passava de um ser humano. Sua vida antiga, apesar de não ser uma aventura, era pelo menos previsível. Ele sabia aonde ia e do que se livrar. Mas, com Jesus, havia posto tudo em risco sem certeza de algum retorno. *Sou um louco por seguir este homem?*, ele se perguntava.

Jesus replicou: "Digo-lhes a verdade: Ninguém que tenha deixado casa, irmãos, irmãs, mãe, pai, filhos, ou campos, por causa de mim e do evangelho, deixará de receber cem vezes mais, já no tempo presente, casas, irmãos, irmãs, mães, filhos e campos, e com eles perseguição; e, na era futura, a vida eterna" (Marcos 10.29,30).

Jesus assegurou a Pedro que valia a pena segui-lo. Não seria fácil — eles poderiam enfrentar perseguição —, mas receberiam

[2] Marcos 9.35. [N. do R.]

recompensas incríveis, tanto nesta vida como na próxima. Na verdade, ele prometeu que seus seguidores receberiam de volta cem vezes tudo aquilo que haviam entregado!

Os Evangelhos deixam claro que os discípulos tiveram muita dificuldade de acreditar na promessa de seu líder. Pareciam convencidos de que o egocentrismo, não a disponibilidade para servir, proporcionava o único caminho seguro para a vida de riqueza que eles almejavam.

Certo dia, Jesus fez-lhes uma pergunta: "'O que vocês estavam discutindo no caminho?' Mas eles se mantiveram em silêncio, porque no caminho haviam discutido sobre quem era o maior" (Marcos 9.33).

Jesus disse que seus seguidores deveriam ser servos, porém nos momentos de descuido em suas conversas particulares eles debatiam sobre quem teria maiores probabilidades de ser o mais famoso. Quem entre eles, os discípulos perguntavam entre si, seria o mais talentoso? Quem seria o mais conhecido? Quem teria maior sucesso no futuro? Quem faria mais palestras, concederia mais entrevistas, assinaria mais autógrafos, conquistaria mais poder?

Veja bem, somos muito semelhantes aos discípulos.

O caminho para a vida verdadeira

Fiquei tão fascinado com os ensinamentos do dr. B sobre o ato de servir que o convidei a falar ao pequeno grupo de colegiais que eu começara a dirigir.

"Vocês querem ter uma vida verdadeira?", dr. B perguntou aos alunos. "Então dobrem um guardanapo ao redor do antebraço." O dr. B abordou esse tema não uma só vez, não dez vezes, mas em quase todas as mensagens que apresentou naqueles primeiros anos do nosso ministério de jovens.

Ele sempre contava a história muito conhecida, registrada em João 13, sobre o dia em que Jesus e os discípulos jantaram juntos, e o lavador de pés não apareceu. Naquela época e lugar, em que as pessoas costumavam andar de sandálias por estradas empoeiradas e se reclinavam diante de mesas baixas, com os pés não muito longe do rosto dos outros convidados, o costume exigia que um servo à porta da casa lavasse os pés empoeirados. Algo deu errado. O lavador de pés não apareceu.

Faça de conta que você está atrás de uma parede de vidro, observando a cena. O primeiro discípulo entra na sala no andar superior e vê que não há nenhum lavador de pés. De repente, nota que é hora de tomar uma decisão. Ele deve lavar os próprios pés? Deve tirar a roupa, fazer o papel de um serviçal e lavar os pés dos outros? Observe seus olhos. Ele está pensando: "Eu não. Este não é o meu trabalho. Eu não sou escravo. Não sou lavador de pés".

O discípulo tenta calcular onde Jesus se sentará e escolhe uma posição privilegiada à mesa.

O segundo discípulo entra, nota que não há nenhum lavador de pés e vê seu amigo sentado à mesa. "Bem", ele pensa, "se esse sujeito não se rebaixará ao nível de um lavador de pés, eu também não o farei". E dirige-se ao segundo lugar mais privilegiado da casa.

Todos os discípulos agem da mesma forma. Eles entram em fila. Passam pela bacia onde a água deve ser colocada. Escolhem o melhor lugar que restou à mesa. Reclinam-se. Esticam as pernas, com os pés sujos perto do colo uns dos outros.

Por último entra Jesus. Observe-o. Ele olha para a água. Olha para os pés imundos dos discípulos. É possível ver isso nos olhos dele. Três anos, sermão após sermão, ilustração após ilustração, confronto após confronto. Você é capaz de ver? A situação encaminha-se para um fracasso.

Jesus caminha até a mesa e reclina-se. Permanece sentado, em silêncio. *Talvez alguém tenha a humildade de lavar os pés de seu mestre.* Mas não, ninguém se mexe.

Agora, observe Jesus. Ele se levanta da mesa, caminha até a bacia e começa a tirar a vestimenta externa. Pega com muito cuidado a toalha e passa-a ao redor da cintura, exatamente como os servos faziam. Em seguida, despeja água na bacia.

Observe agora os olhos dos discípulos. Espanto. Constrangimento. Quando Jesus começa a lavar os pés do primeiro discípulo, você vê algo mais profundo nos olhos deles: angústia, arrependimento, talvez lágrimas. *O que há comigo? Por que perdi esta oportunidade? O meu mundo inteiro gira ao redor de mim. Errei em não ter sido humilde o suficiente para lavar os pés dos irmãos. Mas deixar de lavar os pés do meu Salvador! Como pude fazer isto? O que há de errado comigo?*

Jesus circunda a mesa. Pedro resiste por alguns instantes, mas Jesus sabe muito bem como silenciar Pedro. Terminada a tarefa, Jesus dobra a toalha e recoloca-a no lugar. Torna a vestir a capa, caminha até a mesa e reclina-se. João 13.12-17 registra suas próximas palavras:

> "Vocês entendem o que lhes fiz? Vocês me chamam 'Mestre' e 'Senhor', e com razão, pois eu o sou. Pois bem, se eu, sendo Senhor e Mestre de vocês, lavei-lhes os pés, vocês também devem lavar os pés uns dos outros. Eu lhes dei o exemplo, para que vocês façam como lhes fiz. Digo-lhes verdadeiramente que nenhum escravo é maior do que o seu senhor, como também nenhum mensageiro é maior do que aquele que o enviou. Agora que vocês sabem estas coisas, felizes serão se as praticarem".

Anos depois, o apóstolo Paulo relembrou o exemplo que Jesus deixou a seus discípulos nas palavras registradas em Filipenses 2.3-8 (grifo nosso):

> Nada façam por ambição egoísta ou por vaidade, mas humildemente considerem os outros superiores a si mesmos. Cada um cuide, não somente dos seus interesses, mas também dos interesses dos outros.
>
> Seja a atitude de vocês a mesma de Cristo Jesus,
> que, embora sendo Deus,
> não considerou
> que o ser igual a Deus
> era algo a que devia apegar-se;
> mas esvaziou-se a si mesmo,
> *vindo a ser servo*,
> tornando-se semelhante
> aos homens.
> E, sendo encontrado
> em forma humana,
> humilhou-se a si mesmo
> e foi obediente até a morte,
> e morte de cruz!

Jesus, o nosso Senhor e Mestre, "esvaziou-se a si mesmo, vindo a ser servo". No texto, Paulo nos lança o desafio de uma nova perspectiva. Ele nos chama não apenas a uma euforia emocional momentânea, mas a um entendimento nítido e intelectual a respeito do que Jesus exemplifica para nós. Ele pede que permitamos que o Espírito Santo nos renove a mente, para que a nossa reação refletida em casa, no trabalho, na igreja e na comunidade seja a de servir humildemente a Deus e ao próximo.

Logo no início de sua carta aos Romanos, Paulo salienta o fato de ele próprio ter adotado essa mentalidade, apresentando-se com as palavras: "Paulo, servo de Cristo Jesus". É como se ele estivesse dizendo: *Caros amigos, há apenas duas coisas que vocês precisam saber sobre mim. O meu nome é Paulo. E eu sou servo de Jesus Cristo.*

Entre no jogo

O dr. Bilezikian continua a ser um mentor importante e muito apreciado na minha vida, usando não apenas suas palavras, mas também suas ações, para mostrar-me o exemplo de servo que Jesus nos deixou. No entanto, na época em que assistia às suas aulas, eu era um perfeito cabeça-dura.

— Isto não faz sentido — eu lhe dizia. — Não vejo como pode dar certo.

— Tente — ele replicava.

Depois, ele lançou um desafio a mim e ao nosso pequeno grupo de alunos e líderes voluntários.

Leu para nós as palavras de Jesus em Marcos 8.34,35: "Se alguém quiser acompanhar-me, negue-se a si mesmo, tome a sua cruz e siga-me. Pois quem quiser salvar a sua vida, a perderá; mas quem perder a sua vida por minha causa e pelo evangelho, a salvará".

Pois quem quiser salvar a sua vida, a perderá; mas quem perder a sua vida por minha causa e pelo evangelho, a salvará.

Em seguida, ele nos lançou o desafio de pôr essas palavras à prova. "Durante seis meses", ele disse, "entre no grande jogo. Siga o exemplo apresentado por Jesus, com renúncia tresloucada. Aproveite cada oportunidade para servir — mesmo que o trabalho pareça insignificante.

"Abra a porta para os outros. Sente-se no banco traseiro do carro e deixe seu amigo sentar-se no banco da frente. Leve o recipiente de lixo para fora, mesmo que essa não seja sua tarefa rotineira. Apresente-se como voluntário para empilhar as cadeiras após a reunião. Segure o braço de uma senhora idosa enquanto ela tenta subir a escada de uma loja de departamentos. Abra os olhos. Tenha sempre uma toalha de servo à mão. Examine a condição do seu coração, de uma semana para outra. Depois pergunte a si mesmo: Estou ganhando ou perdendo?

"E se preferir", ele prosseguiu, "use outros meios. Em todas as oportunidades, coloque-se no centro, seja exigente, exija que o mundo gire ao seu redor. Fure a fila para ficar em primeiro lugar. Desapareça quando chegar a hora de fazer trabalhos desprezíveis e tarefas degradantes. Curve-se todas as manhãs diante de um espelho, no qual possa ver-se por inteiro. Afaste-se um pouco e faça uma avaliação honesta. Você está cada vez mais próximo ou cada vez mais afastado de Deus e das pessoas? A sua vida está mais cheia ou mais vazia? Você se sente satisfeito ou frustrado?

"Entre no grande jogo."

Aqueles de nós que nos encontrávamos no centro do pequeno ministério de jovens, chamado *Cidade do Sol*, decidimos aceitar o desafio. E, após seis meses, aquele pequeno número de alunos chegou a centenas. E, mais importante, o nosso amor a Deus e às pessoas aumentou significativamente.

Estávamos trabalhando muito mais que podíamos imaginar, mas éramos felizes. Descobrimos talentos que não sonhávamos possuir. Sentíamos-nos cheios de energia. Víamos mudança na vida dos rapazes. Aprofundávamos o relacionamento mútuo à medida que servíamos juntos dia após dia.

Em termos financeiros, mal tínhamos dinheiro para sobreviver — mas não nos preocupávamos com isso. Quando o carro de alguém apresentava problema e o dono não tinha dinheiro para consertá-lo, fazíamos uma vaquinha para pagar o conserto, ou cada um cedia um pouco de seu tempo para levar o colega aonde fosse necessário.

Ficávamos acordados até tarde da noite conversando com os alunos sobre sua vida espiritual e levantávamos cedo para preparar a programação; as poucas horas de sono pareciam apenas um pequeno sacrifício.

Jesus disse: "Eu vim para que tenham vida, e a tenham plenamente" (João 10.10). Estávamos encontrando essa plenitude de vida à medida que aceitávamos os desafios do dr. B.

Três anos depois, o *Cidade do Sol* contava com mil alunos, graças a um simples alicerce de serviço fiel a Deus e trabalho humilde ao próximo. O grupo de líderes e o fundamento daquele ministério de jovens, que posteriormente passou a ser o fundamento da nossa igreja, não tinha graduação em seminários, não tinha experiência em implantar igrejas, não tinha dinheiro, não tinha instalações e não tinha maturidade. Tínhamos, porém, um francês corajoso e determinado desafiando-nos a aceitar o paradoxo fundamental da vida cristã: seguir Jesus e ser um servo radical é o verdadeiro caminho para a plenitude de vida.

Mais cedo ou mais tarde, todos nós precisaremos decidir em que lugar nos posicionaremos no grande jogo da vida. Onde você se posicionará? Em um estilo de vida egocêntrico? Ou no exemplo de servo que Jesus nos deixou? Em que lugar você está?

Se não estiver satisfeito com sua resposta, pegue um guardanapo.

Vale a pena entrar no jogo.

Capítulo 4

A grande troca

Uma das mais belas compensações desta vida é que nenhum ser humano pode sinceramente tentar ajudar outro sem ajudar a si mesmo.

Ralph Waldo Emerson

Em tudo o que fiz, mostrei-lhes que mediante
trabalho árduo devemos ajudar os fracos,
lembrando as palavras do próprio Senhor Jesus, que disse:
"Há maior felicidade em dar do que em receber".

Atos 20.35

O vilarejo de Cassandra localiza-se a quase quatro horas de distância de Santo Domingo, capital da República Dominicana. Na maior parte da viagem, as ondas do mar batem de um lado da estrada, e os morros cobertos de vegetação exuberante se levantam do outro. As faixas de pavimento seco passam por plantações de banana e mamão e também por campos de cana-de-açúcar e café. Durante a estação chuvosa, a lama desce dos morros e fecha as estradas, mas naquele dia a poeira se levantava quando Greg e seus amigos partiram de Santo Domingo e atravessaram a cidade de Barahona em direção ao vilarejo, onde planejavam fazer tetos de concreto e levantar paredes.

Durante a semana que passaram em Cassandra, Greg e seus amigos colaboraram na construção de duas casas para a organização Habitat para a Humanidade[1] – e construíram algo mais em seu coração. "Vi crianças nuas porque não tinham roupas para vestir, nadando em esgotos que corriam a céu aberto, onde o povo jogava lixo e excrementos humanos", disse Greg. "Vi famílias vivendo sem água corrente e pessoas e animais domésticos amontoados em casebres onde não havia espaço nem para pendurar as nossas ferramentas de jardinagem."

Greg sentiu-se tão oprimido diante de tal pobreza que demorou vários dias para ver outros sinais sutis de esperança. "Vi mães trabalhando tão pesado quanto os pais para construir casas e, mesmo assim, tendo tempo para beijar um joelho machucado ou com ternura chamar a atenção de um filho por uma travessura. Vi um pai estufar o peito de orgulho quando o filho de 5 anos pegou um balde com argamassa e carregou-o para entregá-lo aos homens que assentavam tijolos. Havia um homem que não podia trabalhar na construção de sua casa porque acabara de ser operado, mas a comunidade se reuniu e construiu a casa dele. Vi gratidão nos olhos de um homem cuja esposa havia morrido dez dias antes de iniciarmos a construção do telhado de sua casa. Vi os olhares de tolerância à nossa presença se transformarem em risadas, abraços e despedidas comoventes quando partimos. Vi Deus derreter o preconceito em corações que, a meu ver, jamais mudariam.

"Fui até lá na intenção de doar parte de mim, mas recebi muito mais que doei."

Enquanto Greg e seus amigos trabalhavam em Cassandra, outra equipe de serviço voluntário permaneceu na área pobre dos colonos de Santo Domingo, a fim de reformar um novo

1 Para mais informações sobre a atuação de Habitat para a Humanidade no Brasil, v. <http://www.habitatbrasil.org.br/>. [N. do R.]

edifício para uma igreja em pleno desenvolvimento que incluía alta porcentagem de ex-prostitutas e ex-drogados.

Um dos homens daquela equipe era operador de equipamentos para construção e tinha 50 anos de idade. Sua esposa o abandonara um ano e meio antes, e ele estava tentando reconstruir a vida, mas a situação não ia bem. Certa noite, no meio da semana, a equipe se reuniu para trocar ideias sobre suas experiências. No meio da reunião, o homem não se conteve e chorou. Disse que nos últimos dezoito meses não havia sentido nenhum propósito para viver. Mas, pelo fato de falar espanhol, ele conseguira conversar com alguns dos drogados das ruas que tiveram a vida transformada pela Iglesia Comunitaria Cristiana. Apenas três dias depois de desviar a atenção da própria vida e concentrá-la em outras pessoas, ele começou a sentir esperança pela primeira vez após o divórcio.

"É o que acontece nestas viagens", disse seu líder de equipe. "Quando as pessoas deixam de lado os próprios interesses, o coração delas sempre muda."

Aqueles homens decidiram participar do grande jogo e viram uma transformação radical no coração. Esse é o resultado normal de servir ao próximo. Alguém se expressou desta maneira por *e-mail*:

> Para mim, o efeito mais poderoso do ato de servir, sem levar em conta a condição na qual sirvo, é que ele desvia o foco do meu coração, transferindo-o de mim para os outros. Cristo foi a pessoa mais "focada nos outros" que conheci. Não imagino andar com ele sem servir aos outros. Quanto mais eu sirvo, mais o meu coração muda.

Outro voluntário escreveu:

> Na primeira vez em que trabalhei em um ministério para crianças da periferia, perguntei a um menino de 8 anos se eu poderia fazer alguma coisa por ele. Levei um soco no rosto. A minha reação foi a de revidar, mas naquele momento Deus encheu o meu coração de uma compaixão enorme pelas crianças maltratadas como eu nunca havia sentido. Aquele momento mudou a minha vida para sempre. Creio que a compaixão de Deus entra no nosso coração quando nos dispomos a servir ao próximo.

Um bálsamo para o sofrimento interior

Enquanto algumas pessoas que se oferecem para ajudar têm o coração transformado, outras descobrem um bálsamo para o sofrimento interior. Poucas iniciam a experiência de servir com este pensamento: "Tenho certeza de que esta será uma experiência de cura". Muitas, porém, ao fim da tarefa, concluem que a cura pela qual não esperavam havia iniciado na vida delas.

Jennifer, uma jovem recém-casada, descobriu isso. Quando ela e o marido namoravam, Jennifer estava acostumada com as longas separações entre eles. Contudo, depois de oito meses de um "casamento sensacional, centrado em Deus", ele teve de ausentar-se para passar seis meses no meio do deserto da Califórnia a serviço do corpo de fuzileiros navais. Jennifer sofreu muito ao pensar na partida e ausência do marido. Nos meses antes e depois de sua partida, ela orou pedindo a Deus que a ajudasse a vencer aquele tempo em que passaria sozinha.

Decorridos dois meses após a partida, Jennifer sentiu que Deus a havia esquecido e não se importava com sua depressão. Um dia, uma vizinha comentou com ela que havia um fuzileiro naval precisando de um lugar para morar com a esposa na região de Chicago. O casal previa permanecer ali por apenas dois meses, por isso não conseguia encontrar um senhorio que os aceitasse.

Jennifer proferiu uma rápida oração e entrou no jogo. Disse à vizinha que o casal poderia morar com ela. "Eu estava sozinha", ela comentou, "por isso havia bastante espaço em casa. Além disso, achei que ficaria mais animada se houvesse alguém por perto. O casal mudou-se na semana seguinte, e depois de algumas horas eu já sabia que Deus respondera à minha oração de forma milagrosa. Eles eram cristãos consagrados, e o casamento deles me trouxe lembranças agradáveis do meu. Por meio deles, Deus enviou-me uma mensagem clara: se eu o pusesse em primeiro lugar na minha mente, poderia enfrentar qualquer coisa. Deus me chamou para abrir o meu coração (e o meu lar) e me recompensou com esperança e alegria".

Ed também encontrou cura enquanto servia ao próximo. Apesar de ser cristão há muitos anos, sua vida desmoronara. A esposa o abandonou, ele perdeu o emprego, mudou-se da Califórnia para o Meio-Oeste, não tinha onde morar e estava dormindo no próprio carro.

Uma quinta-feira à noite ele apareceu no nosso ministério que cuida de moradores de rua. Ali, uma das mulheres que serviam comida ofereceu-lhe uma Bíblia. Ed aceitou a Bíblia e decidiu que, assim que tivesse condições, compraria sua própria Bíblia e estudaria os assuntos relacionados.

Depois de encontrar um lugar temporário onde morar, Ed visitou a livraria da nossa igreja. "Enquanto andava pela livraria olhando todos os títulos, comecei a chorar. Sentia-me totalmente arrasado. Uma das mulheres que trabalhava ali me viu e começou a orar por mim. Em seguida, falou-me sobre uma senhora do ministério de alimentação, chamada Peaches, que gostava muito de orar com as pessoas."

Ed foi à procura de Peaches, uma mulher afro-americana, com um sorriso permanente no rosto. "Quando ela me viu caminhando em sua direção, disse: 'Ah, meu Deus! Moço, venha aqui'. Depois de dar-me um forte abraço, perguntou: 'Qual é o seu problema para que eu possa orar por você?'".

Depois de orar por Ed, Peaches disse: — Você é jovem. Acho que não se recusaria a ajudar uma senhora idosa, não é mesmo?

— Claro que não.

— Então venha comigo. Preciso de ajuda na cozinha da igreja. Temos de fazer almoço e jantar para um grupo de pessoas que está reunido aqui hoje. Vou mostrar a você onde estão os aventais.

Assim que Ed colocou o avental, um dos *chefs* perguntou se ele "sabia refogar espinafre".

— Sei, sim. O senhor costuma fazer isso com cogumelos e manteiga?

A experiência de Ed como *chef* no quartel foi muito útil a ele. Dia após dia, sempre que não estava trabalhando como empregado na Home Depot, Ed voltava a servir como voluntário no ministério de alimentação. "Eu sabia que precisava estar ali. O serviço ao próximo tocou o meu coração e estava me curando."

Ed começou a participar dos cultos de meio e de fim de semana e decidiu ingressar na igreja. Na ocasião da entrevista para ser admitido como membro, ele encontrou força para contar sua história pela primeira vez. Disse que se convertera ao cristianismo em 1973, andara com Deus por uns tempos, mas depois se desviara do caminho e agora estava de volta. "Estou aqui porque orei a Deus pedindo que me trouxesse de volta a ele, não importava o custo. Eu queria que o meu relacionamento com ele fosse aquele para o qual eu havia sido criado. Perdi casa, emprego, esposa — tudo o que possuía na Califórnia. Perdi todas as coisas que me afastavam de Deus."

O entrevistador disse a Ed que a igreja pedia que os membros trabalhassem como voluntários pelo menos uma vez por mês. Ele riu. "Não se preocupe, eu venho aqui todos os dias. Adoro este lugar. As pessoas costumam dizer: 'Obrigado por me servir', e eu respondo: 'Não me agradeça. Eu é que sou grato por ter um lugar onde posso servir'. Penso que, se Deus nos der um dom e não soubermos usá-lo, será melhor cavar um buraco e entrar nele. A cura e o desenvolvimento espiritual começam quando nos dispomos a servir. Por isso, eu agora estendo as mãos e digo: 'Senhor, estou aqui para servir. Envia-me aonde queres que eu esteja'.

"Quando alguém me pergunta se sei lidar com equipamentos de som, eu digo: 'Não, mas estou disposto a aprender'. Aí, eles me colocam na equipe de produção. 'Ei, Ed, você trabalhou com computadores? Poderia ser útil aqui.' E assim eu colaboro com algumas pessoas que fazem a manutenção dos computadores da igreja. Sempre que alguém me pede ajuda, eu vou. Gosto disso."

Às 18h30 das quartas-feiras, vejo Ed em uma sala da igreja que foi transformada em café para os adolescentes. Não converso com ele, que está ocupado fazendo café expresso com leite e creme de avelã. Sei, porém, que ele está se divertindo. E sendo curado.

Permuta de voluntariado

Ao longo dos anos, tenho observado uma "permuta de voluntariado" que em geral funciona em favor do voluntário. Sei que este é um assunto delicado, facilmente mal compreendido. É verdade que servimos por obediência e gratidão a Cristo, para proclamar seu Reino e para o bem daqueles a quem servimos, e é muito importante que não interpretemos essa missão como meio de receber algo em troca.

No entanto, sabemos que o caminho do serviço ao próximo — como qualquer outro caminho que leve à obediência — quase sempre traz recompensas. É o grande paradoxo de Jesus funcionando novamente: "Quem perde a sua vida por minha causa a encontrará" (Mateus 10.39). Isso não significa que servir ao próximo será sempre agradável, fácil ou imediatamente gratificante — às vezes, "quem perde a sua vida" sente realmente uma perda, uma perda dolorosa e forçada — mas servir para obedecer ao chamado de Deus sempre muda radicalmente a nossa vida para melhor.

Os *e-mails* a seguir destacam a variedade de benefícios que tocam a vida de quem serve ao próximo.

A cura de relacionamentos

"Minha mãe e eu vivemos afastados por muitos anos. Ela me colocou para fora de casa e não conversamos mais. No Dia de Ação de Graças de 1981, ela tentou o suicídio, ficou tetraplégica e foi parar numa casa de repouso. Ela não tinha nenhum movimento, não podia falar, mas conseguia raciocinar um pouco.

"Eu era recém-convertida ao cristianismo. Depois do culto, eu ia àquela pequenina casa de repouso e tentava ajudá-la.

Comecei a servir-lhe um copo d'água com aqueles canudinhos 'tortos', especiais para crianças. Esse único ato consumia toda a energia espiritual e coragem que eu tinha, mas senti que Jesus ficaria satisfeito se eu a ajudasse como ele faria.

"Esse único ato levou a muitos outros nos três anos seguintes — eu penteava seus cabelos, cortava suas unhas, depilava suas pernas e escovava sua dentadura. Para mim, foi muito difícil ajudar uma pessoa da qual eu vivia tão distante, mas Deus usou aqueles atos para curar-me, para curar o nosso relacionamento e para acelerar o meu processo de crescimento espiritual. Os cuidados que dispensei à minha mãe abriram uma porta para eu conduzi-la a Cristo. Aquilo despertou uma paixão pelo Senhor e pelos perdidos na minha nova caminhada cristã."

A oportunidade de "retribuir" com gratidão o serviço que você recebeu

"Com o nosso casamento em ruínas, a minha esposa e eu assistimos às sessões de restauração conjugal durante um ano inteiro. Provavelmente aquelas sessões salvaram o nosso casamento, porque aprendi, entre outras coisas, sobre a minha responsabilidade pelo fracasso do nosso casamento, como 'discutir educadamente' e como orar com a minha esposa. Agradeço todos os dias a Deus, ao ministério da *Restauração Conjugal* e à minha esposa maravilhosa, porque deu certo.

"Ficamos surpresos quando nos pediram que fôssemos líderes aprendizes, mas também nos sentimos honrados com a oportunidade. A partir de então, passamos a dirigir grupos para casais com problemas no casamento. Também damos graças a Deus pela oportunidade de retribuir a alguém aquilo que recebemos."

A oportunidade de ver Deus trabalhar na vida dos outros da mesma maneira que trabalhou em você

"Quatro anos atrás, comecei a servir como voluntário no *Camp Paradise* nos dias úteis da semana. Por ser um homem de 49 anos de idade, posso pensar em algo melhor para fazer do que trabalhar de sol a sol como um prisioneiro acorrentado aos meus companheiros de presídio. Por que faço isto? Porque, nos nove anos anteriores, participei de um número tão grande de sessões de acampamento para pai/filho e pai/filha que perdi a conta. E, todas as vezes que participava de uma sessão, Deus estava ali comigo. Ele tocou o meu coração e abrandou o meu espírito.

"Portanto, farei qualquer serviço que for necessário para poder estar ali – abrir buracos, rastejar, implorar – e ver acontecer com outros homens o mesmo que aconteceu comigo. Se isso não for capaz de acender o fogo da sua vida espiritual, só posso dizer que você deve ser madeira encharcada de água!"

Uma nova perspectiva sobre a sua própria vida

"Para mim, é uma bênção enorme poder colaborar no *Centro de Acolhimento* após o culto. Na maior parte do tempo, respondemos a pedidos de informações em geral. Mas, às vezes, há pessoas com necessidades e mágoas profundas que permanecem um pouco mais ali, à espera que alguém as ouça e ore com elas. Durante esses momentos, sinto verdadeiramente a presença do Espírito Santo dando-me as palavras certas para que eu possa agir com discernimento. Todos os problemas que enfrento parecem pequenos demais quando comparados às histórias que tenho ouvido."

A constatação de que o serviço voluntário formal encoraja o serviço voluntário informal

"O serviço voluntário me mantém em contato com o motivo pelo qual eu vivo. O meu ministério formal de aconselhar as mulheres de nossa igreja me incentiva e causa impacto nos momentos informais da minha vida, expandindo a disposição de servir quando estou a caminho de casa, quando paro no supermercado, quando converso rapidamente com o meu vizinho perto da caixa de correspondência e até mesmo com as visitas que recebo em casa. É uma forma de vida plena de alegria, porque as palavras de Jesus adquirem vida para mim."

Recentemente, ouvi em um programa de entrevistas no rádio que os homens aposentados que se dedicam ao trabalho voluntário uma vez por semana vivem duas vezes e meia mais que os aposentados que não participam de nenhuma ação com a finalidade de ajudar o próximo. Allan Luks, autor de *The Healing Power of Doing Good* [O poder terapêutico de fazer o bem], descreve os benefícios físicos recebidos por aqueles que se envolvem no serviço pessoal e constante ao próximo. Luks "deixa claro que, quando convencemos outra pessoa a dedicar-se ao trabalho voluntário, estamos dando a ela um enorme presente, como se fosse a taxa de matrícula em uma academia".[2] Ajudar o próximo traz benefícios de longo prazo à saúde, "inclusive alívio de dores de cabeça e nas costas, abaixa a pressão arterial e a taxa de colesterol e controla o abuso de álcool e drogas".[3]

[2] Eds., **Spirituality and Health**, maio-jun. 2003, p. 29.

[3] Alan Luks, ibid., p. 34.

Luks criou a expressão "helper's high"[4] para descrever o bem-estar emocional que os voluntários sentem. Os cientistas da Universidade de Emory que estudam o cérebro descobriram um motivo científico para o *helper's high*. Aparentemente, a decisão de cooperar com outras pessoas "ativa uma área do cérebro rica em dopamina, o elemento químico que produz a sensação de prazer ativada por algumas drogas e outros comportamentos compulsivos".[5] Quando as pessoas dizem que servir aos outros "me faz sentir bem", essa afirmação pode ter uma base mais científica do que elas imaginam.

Não creio que isso seja surpresa para Deus.

Repetindo: servimos ao próximo porque fomos servidos e porque seguimos um líder que nos deu o exemplo de servo. Portanto, por que o Deus que nos criou corpo, mente e espírito não nos chamaria a ter uma vida que nos fortaleça o corpo, nos aclare a mente e nos acalme o espírito? Deus nos criou para uma vida de serviço ao próximo — uma vida repleta de recompensas.

[4] Sensação de intensa alegria após a pessoa ter praticado um ato de bondade. Em português, "alto astral do colaborador". [N. do T.]

[5] Stephen KIESLING, **Spirituality and Health**, maio-jun. 2003, p. 36.

Capítulo 5

O quê? Eu, um sacerdote?

Um empresário amigo meu costuma apresentar-me a seus companheiros de golfe como “meu sacerdote”, só para me atazanar. Suas palavras provocam uma reação de espanto por dois motivos. Primeiro, não uso indumentária de sacerdote. E, segundo, o meu amigo nem sequer passa perto de uma igreja para ter um sacerdote — ou algo que se pareça vagamente com um.

Na verdade, o meu amigo sabe que não sou seu sacerdote nem nada dele. Pelo menos, não de acordo com sua visão convencional e restrita do que é um sacerdote. No entanto, na maioria das vezes, sou um sacerdote. E provavelmente você também é. Para alguns leitores deste livro, ser sacerdote talvez seja a última coisa que lhe passa pela cabeça, mas não pela mente de Deus.

A função do sacerdote

Antes da vinda de Cristo, o Espírito Santo atuava por meio de um grupo seleto de homens chamados sacerdotes. Arão, irmão de Moisés, foi o primeiro sacerdote, e seus filhos deram continuidade ao sacerdócio.

Os sacerdotes do Antigo Testamento mediavam os assuntos entre Deus e o povo. Para praticar qualquer ato religioso — orar, fazer uma oferta de adoração, confessar pecados —, as pessoas comuns não podiam falar diretamente com Deus; tinham de recorrer a um sacerdote.

No entanto, a vida e a morte de Jesus provocaram uma reviravolta total no sistema religioso do Antigo Testamento. No evento que hoje chamamos de Dia de Pentecoste, em que os seguidores de Cristo se reuniram na "sala no andar superior", ouviu-se o som de um vento repentino muito forte. Em seguida, línguas de fogo pousaram sobre cada um deles. Não tenho ideia de como eram essas "línguas de fogo", mas elas representavam a vinda do Espírito Santo à igreja em toda a sua plenitude. E as línguas não pousaram sobre a cabeça de um grupo seleto, mas sobre a cabeça *de todos*.

Daquele momento em diante, não havia mais alguns poucos sacerdotes selecionados, cheios do Espírito Santo e capacitados por ele para agir como intermediadores entre o povo e Deus. De repente, todos os seguidores de Jesus se tornaram sacerdotes.

Isso significa que hoje temos acesso direto a Deus. Não precisamos chamar um sacerdote ou um pastor todas as vezes que queremos adorar, orar ou confessar os nossos pecados a Deus.

Significa também que nos tornamos sacerdotes uns dos outros. E o que um sacerdote fiel faz por seu povo? Ora por ele. Encoraja-o. Zela por ele. Confronta-o. Chora com os que choram. Alegra-se com os que se alegram. E com isso o povo se sente amado, alimentado, protegido e abençoado.

Imagine uma comunidade na qual todos os membros levem o sacerdócio tão a sério como faziam os sacerdotes do Antigo Testamento. Uma comunidade como essa viraria o mundo de ponta-cabeça!

De acordo com Efésios 4.11,12, Deus preparou, de maneira única, alguns desses servos sacerdotes para ensinar outros a servirem: "E ele designou alguns para apóstolos, outros para profetas, outros para evangelistas, e outros para pastores e mestres, com o fim de *preparar os santos para a obra do ministério*, para que o corpo de Cristo seja edificado" (grifo nosso).

Em vez do sistema de santuário do Antigo Testamento, temos congregações cheias de sacerdotes, com alguns mestres, líderes e pastores chamados a fim de prepararem esses sacerdotes para o ministério. Na maioria das igrejas modernas, os "servos preparados" são pastores e membros do conselho, todos remunerados. Os preparados para praticar as boas obras do ministério são os "voluntários".

Ao longo da história da Igreja, sempre que esse plano foi posto em prática, a Igreja produziu muitos frutos. Nessa situação, todos vencem.

- Os preparadores vencem todas as vezes que veem Deus usar de forma grandiosa os voluntários que eles recrutaram, amaram, treinaram e capacitaram.
- Os voluntários vencem, porque sentem a emoção de sair da posição de espectadores para entrar em campo. Nas mãos de Deus, eles se tornam instrumentos de cura, esperança e transformação.
- A comunidade vizinha vence quando é servida por uma força carinhosa, unida e de múltiplos dons a serviço do bem.
- E, naturalmente, o Arquiteto do plano inteiro vence, porque Deus sente prazer em ver seus filhos levando adiante seu grande propósito de consertar este mundo falido.

O trem sai dos trilhos

Não sou bom historiador para definir exatamente quando o trem chamado Igreja saiu dos trilhos, mas ele saiu. Embora a igreja primitiva tenha começado com esse belo conceito de que todos os cristãos são sacerdotes — de que todos os membros são ministros ativos do evangelho e que as boas obras avançam em todas as direções —, durante os dois últimos séculos a maioria das igrejas retrocedeu ao modelo do Antigo Testamento. Veja como isso costuma ocorrer.

Um grupo de cem pessoas reúne-se, decide formar uma congregação e "contrata um ministro". Esta é a terminologia usada: contratar um ministro. Depois, elas dizem ao novo ministro: "Muito bem, isto é o que queremos que você faça: Pregue. Ensine. Realize cerimônias de casamento. Realize ofícios fúnebres. Visite hospitais. Aconselhe os perdidos. Evangelize a comunidade. Arrecade dinheiro. Imprima boletins. Então, quando o ano chegar ao fim, vamos analisar os nossos registros para ver se você correspondeu às nossas expectativas. Se atendeu, nós o contrataremos por mais um ano. Se não, contrataremos outro ministro".

Se o ministro contratado se dedicar de corpo e alma às suas múltiplas tarefas e a igreja começar a crescer, a congregação poderá contratar um pastor auxiliar, um pastor administrativo ou um pastor jovem para cuidar da programação e das pessoas fora do alcance do ministro titular. Mas, repetindo, a congregação paga ao "pastor" para exercer o ministério.

Assim, a igreja passa a ter um grupo de profissionais sobrecarregados, pagos com os dízimos e as ofertas da congregação para realizar todas as funções sacerdotais, enquanto todos os outros permanecem como observadores passivos, com seus dons e talentos se atrofiando por falta de uso.

Esse é o paradigma ministerial mais amplamente praticado nos dias de hoje — e ele não tem o mínimo suporte bíblico.

Tragicamente, essa filosofia tem deixado muitas igrejas contemporâneas em frangalhos: fracas, desorganizadas e ineficientes. E, infelizmente, trata-se de uma mentalidade difícil de ser mudada.

Howard Snyder diz em *Liberating the Church* [Libertando a Igreja] que a maioria dos membros das igrejas "espera médicos que cuidem de nós, não que nos treinem para tratar dos outros. Esperamos advogados que nos deem conselhos sábios, não que nos introduzam na fraternidade secreta dos que entendem como o sistema legal funciona. Da mesma forma, queremos pastores que nos sirvam, não para que nos incentivem e nos treinem" para servirmos aos outros.[1]

Acho que um dos motivos que Deus fez de mim um "casca-grossa" foi porque durante muitos anos tenho sido forçado a engolir a desaprovação de pessoas que querem que eu seja seu médico e seu advogado. Querem que eu execute a minha "função sacerdotal" para elas, sem perceber que Deus *as* está chamando para vestir o manto da responsabilidade sacerdotal.

"Você é o sacerdote", elas protestam, "não nós." Mas a Bíblia replica: "Não é verdade. Se você é um seguidor de Cristo, é um sacerdote".

Deus deve ficar com o coração partido quando as pessoas vão à igreja com mentalidade consumista, satisfeitas por se alimentarem e ir embora. "Sirva-me", elas dizem. "Ensine-me. Ore por mim. Dê um jeito nos meus filhos. Aconselhe o meu cônjuge. E, se você não fizer tudo isso como eu quero, vou sair daqui e procurar outra igreja que me dê mais atenção". Aprendi que não podemos formar uma igreja que honre a Deus se tivermos uma congregação repleta de consumistas.

1 Downers Grove, Ill.: InterVarsity, 1983, p. 169.

Também não podemos formar uma igreja que honre a Deus sem mestres, líderes e pastores comprometidos com a preparação das pessoas. Quando aqueles que foram chamados a realizar essa tarefa pensam em si mesmos como os únicos e honrados "praticantes do ministério", quando olham do alto do púlpito para sua congregação, convencidos de que o Espírito Santo não seria capaz de fazer a obra por meio das pessoas sentadas à sua frente, eles estarão desobedecendo diretamente ao chamado e à ordem de Deus.

Sinceramente, não sei por que alguns líderes na igreja agem assim. Duvido que seja por ignorância bíblica. Talvez não tenham aprendido a arte de delegar responsabilidades. Ou talvez não saibam organizar uma equipe. Talvez se sintam inseguros, com medo de que, se dividirem as responsabilidades, outra pessoa mais capacitada possa ofuscá-los perante a congregação. Seja qual for o motivo, eles vivem um sacerdócio solitário, estressante, desgastando-se com a obra ministerial, enquanto pessoas com grandes possibilidades de trabalhar como voluntárias continuam apáticas, sentadas obedientemente nos bancos da igreja, semana após semana — e deixam de participar de toda a ação.

Tenho ouvido muitos pastores dizer: "Os meus congregados não saem da posição de expectadores para servirem ao próximo".

Sou forçado a perguntar: "Você os incentiva a saírem dessa posição? Ensina com regularidade o significado do sacerdócio dos cristãos? Lembrou-os recentemente de que o espírito Santo vive dentro deles? Deixou claro que eles não precisam ir ao seminário para fazer enorme diferença na igreja? Eles sabem que não precisam ter credenciais teológicas escritas em pele de carneiro para poder dirigir um pequeno grupo, servir a ceia do Senhor, ensinar, fazer visitas em hospitais ou, quem sabe, organizar um novo ministério na igreja? Você os convida a fazerem parte da obra redentora de Deus? Ou apresenta o voluntariado como uma obrigação, um trabalho penoso, como um pai pedindo ao filho que leve o lixo para fora?".

Lembro-me de uma época na Willlow em que tínhamos pouquíssimos voluntários. Os meus colegas de ministério vinham até mim e diziam: "Ei, Bill, você precisa fazer alguma coisa. Estamos tentando atrair voluntários para os ministérios, mas não está funcionando. Você precisa ensinar isso à congregação". Eles me deram entusiasmo para fazer isso. Finalmente levantei-me durante um culto no meio da semana e disse: "Muito bem, a questão é a seguinte. Vou ensinar o que significa sacerdócio do cristão. Não vou desistir até que todos se envolvam na questão e nos tornemos uma igreja que serve ao próximo. E talvez eu viva muito mais tempo que vocês!".

Aquele foi o início de uma série de 13 semanas. Comecei com o sacerdócio cristão e, depois, abordei o conceito do Corpo de Cristo em 1Coríntios 12. De acordo com essa passagem, o Corpo de Cristo precisa que todos os seus membros — olhos, ouvidos, nariz, mãos, pés — funcionem adequadamente para que permaneça vivo. "Ora, vocês são o corpo de Cristo, e cada um de vocês, individualmente, é membro desse corpo." (V. 27.) Semana após semana martelei o assunto de que o Corpo de Cristo, a Igreja, só poderá realizar a obra para a qual foi chamado se passasse a ser uma comunidade de irmãos e irmãs servindo em regime de interdependência. Esse é o significado de ser sacerdote ou sacerdotisa.

Deus usou aquela série para adicionar centenas de novos voluntários aos nossos ministérios. Um membro da igreja me disse recentemente: "Foi durante a 12ª semana da maratona de sua série sobre servir, há quase vinte anos, que me dei conta de que Deus não me havia despertado espiritualmente para eu ficar sentado, apenas assimilando os ensinamentos. Ele me chamou para ser um sacerdote voluntário nesta igreja. Obrigado por não ter desistido dessa mensagem. Obrigado por ter-me convidado a participar do jogo".

Estimule a visão

Se desejamos ser comunidades que funcionem biblicamente e maximizem o potencial das nossas igrejas, precisamos estimular a visão do voluntariado. Permita-me repetir. Quando as pessoas chamadas a capacitar realmente capacitam, e quando os voluntários se apresentam para serem capacitados, treinados, fortalecidos e comprometidos com o ministério, todos ganham – os que capacitam, os que são capacitados, a igreja e a comunidade. E Deus é glorificado porque essa ideia incrível partiu dele.

Se você está lendo este livro e continua sentado em uma igreja sem servir ao próximo, levante-se! Você foi honrado por Deus quando recebeu o seu chamado para ser sacerdote.

Aceite a honra.

Se você está lendo este livro e é líder de uma igreja que não capacita os congregados para servirem, os está enganando. Faça melhor! Decida fazer o melhor agora.

Levante-se e aceite o desafio.

Imagine o que aconteceria na sua igreja e na sua comunidade se todo ministro potencial – sacerdote, sacerdotisa, os capacitadores e os que são capacitados – vivesse de acordo com a ordem bíblica. Que poder extraordinário seria liberado!

Capítulo 6

Mergulhe de cabeça

Se eu tivesse de resumir o segredo para encontrar o nicho perfeito de serviço ao próximo, o faria em uma só palavra: *experiência.*

Não é o que eu teria dito vinte ou mesmo dez anos atrás. Naquela época, teria dito que, para começar, seria necessário descobrir seu dom espiritual, aquela capacidade divinamente autorizada, concedida a todo seguidor de Cristo, para que ele leve adiante, e com muita eficiência, os propósitos de Deus. Leia 1Coríntios 12, eu teria sugerido – e também Romanos 12, 1Pedro 4 e Efésios 4. Depois, faça um teste para avaliar seu dom espiritual.

Aprenda e reflita, eu teria dito. Antes de começar a servir em algum lugar, descubra como Deus o preparou especialmente. Ele deu a você o dom de liderar, de ensinar ou de administrar? Você é particularmente bom em oferecer misericórdia, encorajamento ou hospitalidade? Sente-se especialmente preparado para transmitir a mensagem de Cristo às pessoas afastadas de Deus? Fica extremamente feliz quando pode usar suas habilidades de artesanato ou seu talento criativo em música, redação, artes visuais? Sente-se satisfeito espiritualmente quando organiza os detalhes relacionados a uma causa digna ou quando colabora nos bastidores? É conhecido por ser particularmente sábio, perspicaz, cheio de fé ou generoso?

Responda primeiro a essas perguntas, eu teria dito, e depois sirva de acordo com o que você descobriu. Eu tinha a forte tendência de começar com os dons espirituais porque descobri, no início do ministério, o que acontece quando não fazemos isso.

Uma lição difícil

Quando o dr. B nos ensinou a sermos servos naquela época do ministério de jovens, também nos falou a respeito dos dons espirituais. Por isso, quando servíamos juntos, perguntávamos uns aos outros: *Quem é você e quais são os talentos e as habilidades especiais que você traz para o nosso trabalho em conjunto?* Com o passar do tempo, encorajávamos uns aos outros a mudar para as áreas do ministério nas quais nos sentíssemos mais eficientes e revigorados.

No entanto, implantar uma igreja para adultos sem dinheiro, sem infraestrutura e sem pessoal remunerado era mais difícil do que imaginávamos. Acreditávamos sinceramente que Deus nos chamara para organizar uma igreja que alcançasse os perdidos e os ajudasse a se tornarem seguidores fiéis de Jesus Cristo. Mas contávamos com poucas pessoas e tínhamos muito trabalho à frente. As tremendas exigências sobre o nosso tempo e os nossos talentos levaram-nos a voltar penosamente ao conceito primário de servo. Adotamos o lema: *Seja lá o que for, faça.*

Se alguma coisa precisava ser feita, não questionávamos. Dávamos um jeito e terminávamos a tarefa. Considerávamos que a combinação entre o papel de voluntário e os dons da pessoa era um bônus apreciado, mas isso não era definitivamente uma prioridade.

Eu pregava, comandava a equipe (formada apenas por voluntários no início), cantava em dois grupos musicais nos cultos de fins de semana, doutrinava novos convertidos, arrecadava dinheiro, fazia planejamento estratégico, visitava pessoas no hospital, dirigia um pequeno grupo e realizava cerimônias de casamento e enterro. Todos os outros do grupo central serviam com a mesma intensidade. Quando os novos convertidos ingressavam na igreja, nós também os desafiávamos a se tornarem servos — e eles aceitavam o desafio. A nossa igreja não teria durado um ano sem o grau de comprometimento do "Seja lá o que for, faça".

Contudo, depois de cinco anos de serviço incansável, pessoas excelentes começaram a desanimar. Homens e mulheres de coração puro e profunda dedicação disseram: "Não posso mais fazer isso. Estou exausto". Outros disseram: "Estou irritado. O que você está pedindo não é justo". Alguns abandonaram a igreja tão magoados que tiveram de tirar uns dias de descanso para se recuperarem.

A maneira em que a maioria de nós estava vivendo funcionou durante alguns anos porque éramos jovens e nos sentíamos tremendamente entusiasmados por iniciar uma nova aventura. Mas aquilo não era saudável nem sustentável.

Todos tínhamos uma única pergunta em mente — *O que precisa ser feito?* — e respondíamos entusiasticamente com ações. Mas não fazíamos estas perguntas: *Você é bom em quê? O que dá força a você?* Nem o inverso: *Em que você não é bom? O que deixa você exausto?* Não sabíamos que podíamos dar-nos ao luxo de fazer essas perguntas.

Contudo, quando a década de 1970 terminou e entramos nos anos 1980, percebemos que valia mais ser um servo fiel que apenas trabalhar duro. Tínhamos de trabalhar de maneira mais inteligente. Precisávamos voltar ao conceito dos dons espirituais que aprendemos no ministério de jovens.

Começamos a ensinar sobre dons espirituais de todas as maneiras possíveis. Criamos um método detalhado de avaliação chamado *Network* [Rede], que ensinávamos o ano inteiro, aos sábados. Promovemos uma série de palestras de nove semanas para falar dos dons espirituais nos cultos no meio da semana. Chegamos até a elaborar uma avaliação abreviada dos dons espirituais que eu usava nos cultos nos fins de semana.

Durante a década de 1980, muitas pessoas da congregação descobriram uma forma divertida de servir em uma área na qual se adaptavam perfeitamente e na qual sua personalidade, suas paixões e seus dons se encaixavam na função que exerciam como voluntárias. Mas deparamos com dois problemas.

Primeiro, o pêndulo oscilava muito. A tentativa de ajudar as pessoas a darem tudo de si sem terem tempo para descansar provocou a mentalidade de "Não poderei servir enquanto não encontrar o lugar perfeito". Não estou dizendo que as pessoas se recusassem a servir em circunstâncias pouco ideais. Tinha mais a ver com o fato de pensar que precisavam, antes de tudo, "entender toda a situação" para só então poder "fazer tudo certo". Elas conheciam sua identidade como servos e servas e queriam servir, porém se tornou complicado saber como e onde servir.

Segundo, havíamos suposto erroneamente que a ferramenta certa de avaliação garantiria que as pessoas descobririam os dons que Deus lhes dera. Para algumas, funcionou; elas fizeram o teste, descobriram seus dons espirituais e começaram imediatamente a usá-los — uma história simples com final feliz. Para muitas outras, contudo, o teste de avaliação não foi suficiente. Constatamos que a ferramenta certa de avaliação é útil quando a pessoa tem experiência de serviço no passado, para ajudar a definir sua avaliação. Contudo, para um completo iniciante na vida do Reino, quase sempre o método cria mais perguntas que respostas.

Continuamos a acreditar que o nosso objetivo maior é servir na área do dom espiritual que a pessoa tem. Mas aprendemos que os dons espirituais não têm muito a ver com algo que "descobrimos antes do tempo". Têm mais a ver com algo que Deus nos revela quando servimos.

Portanto, esta é a nossa recomendação aos voluntários potenciais de hoje. Aceite de todo o coração a sua identidade como servo de Jesus Cristo. Use todo conhecimento que tiver a respeito da sua personalidade, suas paixões, suas áreas de interesse, seus talentos e suas preferências para orientá-lo na ampla variedade de áreas onde servir. Veja quais são as necessidades da sua igreja e comunidade. E mergulhe no trabalho com coração e mente abertos. Cinja-se da toalha de servo e mãos à obra.

À medida que continuar a trilhar o caminho de servo e sentir as alegrias de ter feito diferença, você poderá então começar a analisar os dons espirituais e pedir a Deus que revele o seu.

O segredo é considerar a descoberta, o desenvolvimento e a utilização do seu dom espiritual como um processo. Não se preocupe em descobrir imediatamente o encaixe perfeito. Dê a si mesmo permissão para aprender à medida que adquire experiência.

Uma mudança de paradigma

Na nossa igreja, esse conceito de experiência exigiu uma mudança de paradigma não apenas dos voluntários potenciais, mas também da equipe e dos líderes. A maioria das oportunidades anteriores de serviço exigia o compromisso de, no mínimo, três meses — o que não contribuía absolutamente para a experiência!

Imagine ter de assinar um contrato de *leasing* de três meses para um carro que você está pensando em comprar, quando existe a possibilidade de adquiri-lo após um *test drive* de 45 minutos. Portanto, introduzimos em todos os ministérios da igreja o conceito de *servir primeiro*, antigas oportunidades de servir oferecidas em várias ocasiões e aproveitadas em uma ampla variedade de habilidades e áreas de interesse. Este é o lema de *Servir primeiro*: "Venha uma vez e experimente. Sem compromisso".

Algumas oportunidades de *servir primeiro* requerem inscrição antecipada, mas muitas permitem que voluntários potenciais simplesmente compareçam. Eles recebem informações precisas sobre o local exato do encontro e a garantia de que a equipe ou os voluntários mais experientes os acolherão, os ajudarão a entrosar-se com o grupo e servirão com eles.

Reflita nestes poucos exemplos de *servir primeiro*:

- Todos os sábados, às 7 horas, voluntários são convidados a prepararem o auditório para os cultos de fins de semana. Eles instalam o equipamento de produção, arrumam e decoram o palco. Crianças menores de 12 anos só podem colaborar se estiverem acompanhadas de um adulto.
- Nos sábados, das 8h30 ao meio-dia, pessoas com habilidade em marcenaria ajudam nos trabalhos com madeira relacionados à manutenção do edifício ou construção.
- Das 7 às 11 horas nos sábados, voluntários ajudam na manutenção do sistema de ar-condicionado da igreja.
- Interessados em atender às crianças podem comparecer 10 minutos antes dos cultos nos fins de semana e fazer uma visita de 45 minutos para ver o ministério infantil em ação. Podem observar os professores, os líderes de pequenos grupos e os encarregados da programação, bem como conhecer os projetos realizados nos bastidores. Podem também fazer visitas semelhantes aos ministérios de pré-adolescentes e adolescentes.

- Voluntários iniciantes podem comprometer-se a limpar banheiros e esvaziar latas de lixo durante os cultos e palestras.
- Voluntários são convidados a servir no ministério de pré-adolescentes colaborando na montagem de produção nas sextas-feiras, das 17 às 19 horas, ou aos sábados, das 5h30 às 10 horas.
- Muitos voluntários novatos começam colaborando na livraria. Eles empacotam, fazem cópias de fitas em áudio ou CDs, ou vendem fitas gravadas do culto logo após o encerramento.
- Outros ajudam no ministério de esportes, colaborando na marcação de pontos dos jogos de basquete nas terças-feiras à noite ou comparecendo ao escritório do ministério de esportes durante a semana para despachar correspondência ou atender ao telefone.
- O ministério de distribuição de alimentos oferece muitas oportunidades em vários horários, desde preparo de sopas e molhos para a praça de alimentação, decoração de mesas para eventos especiais até distribuição de alimentos antes e depois dos cultos.
- Os adultos são convidados a recepcionar os alunos, distribuir folhetos e ajudar em outros trabalhos de logística nos eventos semanais de grandes grupos para adolescentes.
- Muitas oportunidades de servir uma única vez podem ser encontradas com os nossos parceiros de ministério no centro e nos bairros da cidade. As pessoas podem trabalhar em abrigos para sem-teto, comparecer a eventos que se destinam a unir pessoas de várias raças nas igrejas urbanas,

preparar comida e distribuir roupas para moradores de rua, ajudar na pintura e construção nos ministérios da periferia e fazer a manutenção geral de um acampamento local para crianças pobres.

- Em toda a igreja, voluntários de primeira viagem têm oportunidades de colaborar no serviço administrativo.

Quatro perguntas importantes

Após cada oportunidade de servir, incentivamos os voluntários a participarem de um processo de autoavaliação por meio de uma série de perguntas.

Primeiro, o trabalho foi significativo? A resposta a essa pergunta é puramente subjetiva, mas de suma importância. Para uns, é muito importante envelopar a correspondência sobre uma palestra de liderança para pastores; essas pessoas concordam plenamente com o objetivo (a palestra) e com o grupo envolvido (pastores), e gostam de trabalhar nos bastidores. Outros concordam com a ideia da palestra, mas, por detestarem tarefas repetitivas, não consideram o trabalho significativo. Talvez digam a si mesmos que *deveriam* considerá-lo significativo em razão da nobreza do objetivo, mas provavelmente não se sentirão motivados a comparecer novamente. Outros ainda poderão descobrir que gostam de realizar tarefas desse tipo, mas preferem servir idosos ou crianças; para eles, esse trabalho seria muito mais relevante.

Outra pergunta importante: A sua energia emocional aumentou ou diminuiu depois que você serviu? Você se sentiu animado ou exaurido? O ato de servir pode ser fisicamente exaustivo, mas continua a ser satisfatório. Se, contudo, for emocionalmente desgastante, talvez você esteja seguindo na direção errada. Em geral, as pessoas introvertidas consideram extremamente desgastante o trabalho de lidar com o público, como indicar lugares vagos na igreja aos visitantes, ao passo que os extrovertidos se saem muito bem na mesma função. Algumas pessoas se sentem animadas com o caos na classe das crianças de 1 a 3 anos de idade, ao passo que outras precisam de um cochilo após ter passado pela mesma experiência. A função no voluntariado que deixa a pessoa esgotada é difícil de ser mantida.

Outra pergunta importante (que muita gente sente culpa em fazer) refere-se às pessoas com quem você serve. Você gosta da companhia delas? Há uma dinâmica relacional na equipe? A maioria das pessoas que sai timidamente da arquibancada e entra em campo sente-se motivada por ter sido chamada para servir e usa seus dons para o bem dos outros. Mas, em geral, há outro aspecto dessa motivação que talvez não seja tão evidente. Elas querem conhecer outras pessoas. Querem descobrir irmãos e irmãs com o mesmo modo de pensar. Querem ter o coração tocado pelo poder da comunidade. Se sentem possibilidades para isso em determinada oportunidade de servir, não há nada de errado em levar adiante a experiência.

Para algumas pessoas, o componente relacional é mais importante que qualquer outro. Ao longo dos anos, tenho ouvido muita gente dizer: "Não tinha certeza se queria servir na livraria" — ou na equipe de transporte, na produção ou na equipe de construção das segundas-feiras à noite —, "mas voltava sempre porque gostava das pessoas com quem servia. Na verdade, eu faria qualquer trabalho para continuar a servir com elas!". *Que bom*, dizemos. Deus criou alguns de nós para nos relacionarmos uns com os outros, de tal forma que encontrar a equipe certa para servir torna-se um dos valores mais preciosos nessa experiência.

O quarto aspecto para a autoavaliação é analisar honestamente a sua agenda e o tempo de que você dispõe para servir. Por mais que você goste de uma oportunidade de servir, se ela não se encaixar na sua agenda, você não será capaz de dedicar-se a ela com regularidade.

Algumas pessoas passam pela experiência de *servir Primeiro* e concluem imediatamente que encontraram o ministério perfeito para elas; depois da primeira oportunidade de ajudar o povo de Chicago, elas estão prontas para assumir o compromisso de servir uma vez por mês. Outras, contudo, descobrem que um aspecto da oportunidade de servir parece ótimo, ao passo que a outra parte, não. Portanto, elas usam o que aprenderam — tanto em termos negativos como positivos — para determinar a próxima experiência.

Digamos que elas façam uma visita ao ministério infantil e concordem em assumir a função de líder de um pequeno grupo, mas percebem que uma sala lotada de crianças barulhentas as deixa malucas. Portanto, na próxima oportunidade de *servir Primeiro*, elas cogitarão assumir a função de líder de pequeno grupo no ministério de adolescentes.

Se a pessoa tiver dez oportunidades de *servir Primeiro* antes de descobrir uma "ideal" que a motive a assumir um compromisso mais longo, isso para nós é ótimo; aplaudimos sua tenacidade. É muito melhor que experimentem e aprendam em vez de insistirem em uma situação frustrante, insatisfatória ou exaustiva que, com o tempo, as fará voltar ao banco de reserva.

Algumas pessoas continuam a experimentar porque gostam de variar. Outras acham que convidar Deus para esclarecer seu chamado, seus dons e sua paixão é uma oportunidade de valor incalculável.

Nunca se sabe

Há um aspecto verdadeiro quando iniciamos a aventura de servir: nunca sabemos o que vai acontecer.

Quando Jackie se comprometeu a "atender a uma necessidade" no berçário da igreja, não sabia que passaria os próximos vinte e cinco anos brincando com bebês sentados em seus joelhos — e amando fazer isso.

Quando Tom decidiu usar sua habilidade de marceneiro nas terças-feiras à noite na igreja, não sabia que acabaria colaborando com outros homens da igreja ao fazer pequenos consertos em casas de mães solteiras. "Fazer consertos" na igreja foi o primeiro grande passo; mas, quando ele começou a colaborar com as mães solteiras, conseguiu unir suas habilidades de marceneiro com sua paixão para ministrar aos necessitados.

Quando Phil se encontrou comigo para um almoço e me apresentou uma avaliação do orçamento da igreja (que eu rabisquei rapidamente nas costas de um guardanapo de papel), não sabia que viria a ser líder do Comitê de Finanças da igreja nas duas décadas seguintes e que se sentiria incrivelmente feliz naquela função.

Quando Karen começou a orar por telefone com pessoas que tinham problemas graves e ligavam para uma central de ajuda, não sabia que passaria a liderar uma equipe que se encontra fielmente todas as quintas-feiras à noite para orar por pedidos individuais feitos à igreja por telefone durante a semana.

Em 1974, quando Jan concordou em cuidar dos detalhes administrativos da Cidade do Sol, não sabia que passaria por vários estágios em sua jornada de servir: administrar, desempenhar papéis em peças humorísticas ("Definitivamente, *não* era o lugar perfeito para mim", ela diz), liderar pequenos grupos e, com o passar do tempo, ocupar a posição estratégica e altamente gratificante na diretoria da igreja.

Para essas pessoas, a experiência inicial as levou, por fim, ao lugar perfeito. Portanto, o nosso lema é este:

Mergulhe de cabeça!

Mesmo que o seu primeiro passo o coloque no caminho mais fácil para um destino ideal de serviço ou dê início a um lento processo de autodescoberta, você terá embarcado na jornada para a qual foi feito.

CAPÍTULO 7

Usando seus dons para descobrir sua paixão

UM AUTOMÓVEL BUICK VERMELHO ESTÁ EMPOLEIRADO EM UM ELEVADOR hidráulico. Um estoque de peças da Cornwell Tools — também vermelhas — cobre toda a parede dos fundos. O cheiro de óleo de motor predomina no barracão onde alguns líderes voluntários estão reunidos. Apenas alguns detalhes "domésticos" continuam em pauta.

"Se você misturar o vermelho da GM com o laranja da Chrysler, não vai dar certo."

"O quê? Não há um 10-30 cheio lá fora? Sinto muito, pessoal. Vou dar um jeito nisso."

"Você não precisa usar um alicate de pressão neste cilindro só para rosquear aquela pecinha. Aperte com a mão."

Pete, aquele que fala, é gerente da equipe de serviços do ministério *CARS*: Christian Auto Repairman Serving [Serviço cristão de consertos de carros]. A equipe de 20 ou mais pessoas à qual ele se dirige — todos voluntários — lidera perto de 90 mecânicos voluntários que consertam de 20 a 25 carros por semana para as pessoas necessitadas da nossa igreja e da comunidade.

Os carros são doados por pessoas da igreja e da comunidade, consertados e revisados pelos voluntários do *CARS*, e entregues a pessoas que passam por dificuldades financeiras. A maioria dos favorecidos compõe-se de mães solteiras que levam seu carro de volta aos voluntários do *CARS* para conserto e troca de óleo até que tenham condições de arcar com as despesas sozinhas.

Para os que são atendidos, o *CARS* faz diferença entre a dependência dos outros para as necessidades do dia a dia e a independência que o transporte confiável proporciona. Significa liberdade para manter o emprego, levar os filhos ao médico ou ir ao supermercado.

O *CARS* proporciona aos voluntários uma forma de usar seus conhecimentos especializados para servir a outras pessoas de maneira extremamente significativa. A maioria dos voluntários do *CARS* não é composta por mecânicos profissionais. São professores, contadores e consultores financeiros que adoram mexer com carros.

"Por vocação", diz Jack, "sou gerente de contratos de uma empresa da área de saúde e trabalho de terno e gravata. Mas sempre fui um *curioso em mecânica*".

Muitas mães da nossa congregação e da comunidade são gratas porque, mais de uma década atrás, um grupo de curiosos em mecânica decidiu encontrar uma forma criativa de usar suas habilidades para ajudar outras pessoas.

E descobrimos que há muitas pessoas habilidosas e dispostas a trabalhar com a cabeça debaixo do capô de um carro — principalmente quando sentem o sabor das recompensas.

Jac diz: "Quando uma mãe solteira deixa seu carro aqui em pleno inverno porque o vidro da janela não funciona e ela não tem dinheiro para consertá-lo, e duas horas depois ela sai daqui com a janela consertada — essa é toda a recompensa de que necessito".

"Quando um carro chega aqui com um bebê na cadeirinha no banco traseiro", diz Pete, "o pessoal da nossa equipe olha para a cadeirinha e se derrete todo".

Não há troca de dinheiro no barracão, mas "recebemos o nosso pagamento todas as semanas", acrescenta outro voluntário.

"Certa noite, uma senhora que veio buscar seu carro não parava de dizer em voz alta para que todos pudessem ouvir: 'Obrigada, obrigada, obrigada, obrigada, obrigada'. Esse é o nosso pagamento."

Uma quarta-feira à noite no nosso culto de meio de semana, destaquei o trabalho do ministério *CARS* durante a mensagem. Após o culto, um homem de quase 2 metros de altura e pesando mais de 100 quilos me abordou.

"Sou um cristão novinho em folha, ou outro nome que vocês queiram dar", ele disse. "Faz pouco tempo que frequento este lugar, mas já percebi que nunca vou conseguir falar ou cantar no palco. E provavelmente não me sairei bem visitando pessoas em hospitais ou lecionando na escola dominical. Mas o senhor poderia me informar o nome do sujeito que conserta carros? Eu gostaria de aparecer lá todas as segundas-feiras à noite. Nunca soube que poderia ajudar alguém com uma simples chave inglesa."

Mas ele pode.

E talvez você possa também.

O que estimula sua paixão?

À medida que você ler as várias histórias, ilustrações ou *e-mails* neste livro, é possível que alguns parágrafos não despertem muito interesse, ao passo que outros o levarão às lágrimas ou o farão lembrar-se de um tempo em que você trabalhou como voluntário de uma forma semelhante — ou desejou trabalhar.

A energia flui da *paixão*. A paixão concedida por Deus — uma área que provoca enorme interesse — encontra-se dentro de cada um de nós. Um dos objetivos do voluntário principiante é descobrir essa paixão. A conexão do nosso dom espiritual com uma das áreas da paixão é o segredo para alcançar o nível máximo de eficácia e desempenho no serviço ao próximo. É também um dos segredos para manter a energia enquanto servimos. Quando você se dedica a uma área pela qual é apaixonado, não necessita que alguém o incentive a continuar envolvido no trabalho; você não resiste ao desejo de estar presente. É como se fosse uma pausa para descanso: a campainha toca, e você vai realizar sua atividade favorita.

Muitas pessoas, como as que trabalham no Ministério *CARS*, descobrem qual é sua área da paixão quando analisam as habilidades pessoais que gostam de praticar. Pode ser qualquer coisa, desde conhecimentos profissionais até passatempos ou recreação – desde serviços de carpintaria até jardinagem, de programar computadores a arremessar bolas na cesta em jogos de basquete, de fazer pesquisa a organizar arquivos.

Roberta, uma cabeleireira, descobriu sua paixão por meio de sua habilidade profissional. No final da década de 1970, ela ouviu uma conversa entre uma cliente e outra cabeleireira no salão onde trabalhava. Durante meses, a cliente, uma mulher recém-convertida ao cristianismo, falou sobre sua fé cada vez maior à profissional que cuidava de seus cabelos. Ao ouvir a conversa, Roberta também se tornou cristã.

"Daquele dia em diante", Roberta explica, "entendi que estava vivendo em prol de um propósito mais sublime. Eu não queria investir em vaidade os anos restantes que Deus me daria. Em 1980 comprei o meu salão. Desde o primeiro dia, decidi que aquele salão não deveria apenas cuidar de cabelos, mas também da eternidade. Aquilo influenciou o modo com que eu tratava meus funcionários e clientes. Também plantou em mim o sonho de que, um dia, Deus usaria o meu salão de uma forma inusitada, para ajudar as mulheres que necessitavam desesperadamente de encorajamento".

O sonho de Roberta nunca morreu. Enquanto dirigia seu salão e criava uma família, ela trabalhou ativamente para concretizar esse sonho. Mais tarde, enfrentou o divórcio e passou a frequentar um *workshop* para recuperação de pessoas divorciadas, no qual ouviu falar sobre o nosso *Ministério de Cabeleireiros*.

Roberta começou a reunir-se com outros cabeleireiros e cabeleireiras que amavam a profissão e queriam usar seus dons para servir aos outros. Ouviu histórias comoventes de cabeleireiros que usaram seu talento em casas de repouso e centros para pessoas com graves deficiências físicas. Outros descreveram suas viagens a San José, Costa Rica, para ensinar a profissão a mulheres e garotas que estavam tentando abandonar uma vida de prostituição. Roberta convenceu-se de que, se eles conseguiram pôr seu sonho em prática, ela também conseguiria.

Hoje, várias vezes por ano, Roberta realiza o "Dia da Beleza" em seu salão. Nesse evento, de 15 a 20 cabeleireiros profissionais de outros salões apresentam-se como voluntários para trabalhar seis horas no fim de semana cuidando dos cabelos, da maquiagem e das unhas de mulheres que atravessam tempos difíceis. O primeiro "Dia da Beleza" atendeu mulheres assistidas por um ministério local que proporciona alojamento temporário, treinamento vocacional e aconselhamento a mães solteiras e sem-teto.

Roberta e seus amigos cabeleireiros convidaram clientes de outros salões para doar roupas, sapatos e bolsas para as mulheres atendidas naquele primeiro evento. "Recebemos roupas e acessórios além do que podíamos administrar. As mulheres choravam enquanto provavam as roupas. Não conseguiam acreditar que estavam recebendo tudo aquilo e mais um penteado grátis."

As mulheres convidadas para o mais recente "Dia da Beleza" eram garotas adolescentes de um ministério para crianças cujos pais estavam enfrentando o divórcio. Em outro dia, os cabeleireiros atenderam adolescentes grávidas.

Em geral, o "Dia da Beleza" começa com uma oração, quando os profissionais se reúnem para pedir a Deus que use seus dons e suas palavras para encorajar as mulheres a quem vão servir. Depois, eles cumprimentam carinhosamente as mulheres e explicam como pretendem "paparicá-las". (Homens, sejam solidários comigo!) No meio do dia, as mulheres saboreiam um belo almoço doado pelos comerciantes locais. Teresa, a voluntária que iniciou o *Ministério de Cabeleireiros*, termina o dia com uma breve mensagem extraída de Jeremias 29.11-13:

> "Porque sou eu que conheço os planos que tenho para vocês", diz o SENHOR, "planos de fazê-los prosperar e não de lhes causar dano, planos de dar-lhes esperança e um futuro. Então vocês clamarão a mim, virão orar a mim, e eu os ouvirei. Vocês me procurarão e me acharão quando me procurarem de todo o coração".

"Adoro compartilhar esses versículos com as mulheres", diz Teresa. "Nós as encorajamos a recorrer a Deus em busca de orientação quando a vida se torna difícil ou quando elas se sentem sozinhas. Essas mulheres ouvem o que dizemos, porque sabem que nos preocupamos verdadeiramente com elas."

Roberta, que lutou para entender que tinha valor e adquirir confiança enquanto crescia, adora observar o entusiasmo de suas clientes aumentando cada vez mais à medida que os dias passam. "Não consigo descrever como me sinto ao transmitir a essas mulheres, por meio de um toque de carinho, palavras e serviço, o valor que elas têm.

"Meu sonho levou mais de vinte anos para se concretizar. Quando o dia finalmente chegou, a emoção foi grande demais – e continua até hoje. No final de cada 'Dia da Beleza', todos os cabeleireiros choram, agradecidos por poderem usar os dons que Deus nos deu para fazer diferença verdadeira na vida das mulheres."

As experiências dos voluntários do *CARS* e do *Ministério de Cabeleireiros* têm servido de inspiração para outras pessoas da nossa igreja. Um grupo de pilotos amadores e profissionais, em companhia de outras pessoas que trabalham no setor de aviação, decidiu encontrar uma forma de usar seus aviões, suas habilidades e seus contatos em prol do Reino.

Em uma recente reunião do *Ministério da Aviação*, Chuck, um revendedor de aeronaves, comunicou que havia um avião de carga voando vazio para Joannesburgo, África do Sul. Um funcionário da Willow que ouviu a comunicação "acabara de saber" que havia uma garagem repleta de computadores aguardando embarque para uma agência missionária africana. Duas semanas depois, os computadores estavam dentro do avião de carga, junto com nove caixas de roupas e brinquedos para bebês, seguindo para uma escola cristã de treinamento vocacional em Joannesburgo. E um grupo de pilotos e profissionais da aviação, todos agradecidos, sentiu que havia feito diferença. "A última vez que os computadores foram embarcados para essa missão", diz Chuck, "15 sul-africanos foram treinados a usá-los e 9 conseguiram emprego".

Nunca me canso de ver Deus articular planos de ministérios criativos por meio de pessoas que põem humildemente suas habilidades a serviço dos outros. Mike, outro voluntário, é um linguista talentoso. Todos os domingos, após um dos nossos cultos, ele dá aula de idiomas para pessoas de outras nacionalidades, na maioria alunos das universidades locais. Ao destacar as expressões idiomáticas usadas no sermão daquela manhã, ele ajuda a aprimorar as habilidades linguísticas de seus alunos e, ao mesmo tempo, explica a Palavra de Deus.

Esta é outra história baseada em habilidades da qual gosto muito. Em 1980, Scott, um voluntário da Willow desde a época do ministério de jovens, decidiu levar seu barco de esqui ao acampamento da nossa igreja em Michigan e ensinar os meninos e meninas a esquiarem. "Houve algo especial naquele grupo", ele diz, "uma coisa bem visível. Quando eles aprenderam a esquiar, a confiança de cada um aumentou muito. Anos depois, alguns alunos me contaram que o fato de aprenderem esqui aquático no acampamento foi um momento decisivo na vida deles".

Dirigido por voluntários desde o início, o "ministério de esqui aquático" continua firme até hoje. Os nossos alunos do ensino médio não participam mais do acampamento em Michigan; assim, em vários sábados durante o verão, os voluntários que possuem barcos de esqui levam grupos de alunos a lagos particulares, onde passam por uma experiência para aumentar a autoconfiança que a maioria deles jamais vivenciaria de outra forma. E, como recompensa, tanto os voluntários como os alunos se divertem muito.

Experimentando algo diferente

Curiosamente, alguns voluntários gostam de servir de uma forma muito diferente da que praticam no local de trabalho.

Um cristão novato chamado Rich dirigia uma empresa de consultoria de 1 bilhão de dólares no ramo de alimentos. Ele passava os dias tomando decisões financeiras e resolvendo problemas complexos. Era extremamente competente nesses dois setores, portanto achamos que faria todo sentido convidá-lo a servir na nossa diretoria, já que necessitávamos desesperadamente de uma pessoa com esse grau de conhecimento na área empresarial. Feliz, ele concordou em servir — mas não na diretoria. Rich não sabia exatamente o que queria fazer, mas de uma coisa ele tinha certeza: não queria que sua experiência no trabalho voluntário fosse uma repetição de seu trabalho secular.

Com o tempo, Rich encontrou seu nicho quando organizou o nosso departamento assistencial, usando seus dons de solucionador de problemas para ajudar pessoas com grandes necessidades financeiras. Rich poderia ter tomado decisões de 1 milhão de dólares no âmbito total da igreja, que causariam impacto na vida de milhares de pessoas, mas preferiu lidar com as necessidades práticas e diárias de uma pessoa ou de uma família. É comum eu vê-lo atravessando a entrada do templo acompanhado de uma mãe solteira e de seus filhos, que o chamam de "tio Rich". Ele se sentiu satisfeito e produtivo no ministério, embora isso não fosse o que todos os seus amigos (e o seu pastor!) esperassem dele.

O *e-mail* a seguir ressalta um motivo para que algumas pessoas queiram servir em uma área diferente de sua especialização profissional:

> Durante a semana, o meu trabalho envolve adquirir empresas com recursos emprestados de terceiros. Aos domingos, trabalho como voluntário em uma sala repleta

> de crianças de 3 anos de idade. A simplicidade das lições ensinadas – e as trocas de fraldas de vez em quando – me mantém centrado quando começo a ficar de cabeça quente por ter de cancelar negócios de 100 milhões de dólares no trabalho. Servir às crianças é o que mantém o meu coração generoso e os meus pés no chão.

Um voluntário do *Amigos Especiais*, nosso ministério dedicado a crianças e adultos portadores de deficiência física, manifestou motivação semelhante. Conheci-o em uma sala de aula da igreja enfeitada com balões, objetos brilhantes e luzes coloridas, onde 25 crianças portadoras de deficiência e quase o mesmo número de voluntários riam, brincavam e cantavam durante uma festa de Natal. Com aparência distinta e trajando terno escuro, ele disse: "Toda semana eu chego ao *Amigos Especiais* carregando o peso de preocupações com negócios, clientes e eficiência. Toda semana saio do Amigos Especiais andando nas nuvens. Esta é a coisa mais importante e gratificante que faço".

Experimentando algo familiar

Enquanto muitas pessoas encontram satisfação no ato de servir quando deixam a função profissional de lado, outros voluntários adoram servir a Deus, à igreja e a outras pessoas, usando para isso talentos que elas passaram dez, vinte ou trinta anos aprimorando no mercado de trabalho.

Randy é o porta-voz de uma empresa de assistência médica. Dale é analista nacional de assistência médica. Becky é consultora de recursos humanos, Rich é advogado e Rose é generalista de recursos humanos. Dale cuida das indenizações de uma grande empresa aérea. O que todos têm em comum? Eles formam uma equipe de profissionais que dedica seu tempo para orientar o departamento de recursos humanos da Willow.

Quando o aumento de custos de assistência médica nos Estados Unidos ameaçou a igreja a redistribuir a verba destinada ao ministério, pedimos a Randy, membro da Willow, que ajudasse o nosso pessoal a criar uma estratégia para lidar com aqueles custos elevados. Randy formou a equipe mencionada anteriormente; alguns dos participantes moram na cidade e frequentam a Willow, ao passo que outros vivem em locais distantes e viajam de avião trimestralmente para reunir-se com o grupo.

Além de agendar e planejar as reuniões, Randy conseguiu que os presidentes das empresas de planos de saúde apresentassem opções para o grupo. Sua liderança permitiu que investigássemos possibilidades que jamais conseguiríamos encontrar se o trabalho tivesse sido deixado apenas nas mãos do nosso pessoal. E o conjunto de ideias devotas e espiritualmente sensíveis que aqueles homens e mulheres consagrados trouxeram ao desafio profissional levou a soluções que refletem claramente a sabedoria e a intervenção divinas.

Randy e sua equipe têm dedicado tempo, despesas com viagens, conhecimentos profissionais, centenas de *e-mails*, conversas por telefone e orações nos bastidores para solucionar os problemas de recursos humanos na Willow. Enquanto eles fazem isso, o nosso pessoal passou a ter uma função paralela, permitindo que Randy oriente verdadeiramente o processo.

Há outro exemplo. John era piloto de helicóptero e instrutor de ciência política na Academia Naval antes de receber seu diploma de mestrado em administração de empresas pela Escola de Comércio de Harvard. Atualmente, ele é responsável por promover mudanças e melhorar a eficiência em empresas de grande porte.

Querendo "devolver alguma coisa" a Deus e à igreja, ele serve em uma área de formação espiritual, usando seus talentos de planejamento estratégico, liderança, ensino e aprimoramento de processos a fim de ajudar a identificar e solucionar os principais desafios do crescimento espiritual. "Trata-se de uma experiência muito abençoada", ele diz, "que me dá forças para tirar o máximo proveito dos dons que Deus me concedeu".

Dave, outro jovem profissional da nossa congregação, é especialista em estrutura organizacional. Quando sentiu o desejo de participar mais ativamente no ministério de voluntários, reuniu-se com vários outros líderes empresariais da igreja para ajudar a fundar e organizar o *Depósito*, um ministério no centro de Chicago que fornece materiais de construção a preços acessíveis para a construção de casas populares. O *Depósito*, um ministério da Visão Mundial, estoca materiais doados por fábricas e fornecedores e os disponibiliza para construtoras de casas populares por uma taxa simbólica.

Dave se sente tão gratificado por usar seus dons profissionais no ministério de voluntários que deseja que outras pessoas tenham a mesma experiência. "Há muitas pessoas vibrantes e profissionalmente competentes que circulam por nossas igrejas querendo trabalhar, mas a igreja não vê o que elas têm a oferecer. Esses empreendedores classe A estão prontos e dispostos para o trabalho e são capazes de oferecer as melhores práticas do mercado para o engrandecimento do ministério, sob a orientação soberana de Deus."

Dave está certo. É hora de os líderes eclesiásticos identificarem as aptidões inexploradas nas nossas igrejas e buscarem parcerias estratégicas com profissionais como Randy, John e Dave. Vejo dois aspectos cruciais nessas parcerias.

Primeiro, homens e mulheres com habilidades profissionais especializadas precisam oferecer seus serviços com tenacidade. Dave diz: "Provavelmente você será rejeitado no início, porque os líderes da igreja não entenderão o que você está oferecendo nem como poderão usar seus serviços. Mas continue se esforçando para que eles entendam. E vá em frente. Se não encontrar uma oportunidade em uma área de ministério, procure servir em outro lugar. Não desista".

Segundo, os líderes e os dirigentes da igreja precisam concordar em dividir o controle. Precisam permitir que os voluntários se envolvam nos níveis estratégicos e tomem decisões. Por exemplo, Tammy, a nossa diretora de recursos humanos, participa das reuniões das equipes de voluntários, mas faz um convite claro a Randy para orientar o grupo, porque ele tem os conhecimentos necessários. Essa é a verdadeira parceria, aquela que tem trazido grandes benefícios à nossa igreja e satisfação aos voluntários envolvidos no trabalho.

Um modelo de bom senso

A liderança da nossa igreja nunca se propôs a criar ministérios em torno das habilidades de mecânicos de automóveis, cabeleireiros, fanáticos por esqui aquático ou pilotos. E nunca pensamos que o nosso departamento de recursos humanos seria grandemente influenciado por um grupo de voluntários. Mas sempre usamos o bom senso para reconhecer que o ministério deve ser criado com base nos dons, interesses e habilidades das pessoas que Deus trouxe à nossa congregação.

Em meados da década de 1970, quando iniciamos o ministério de jovens que deu origem à igreja, não nos propusemos a usar dramatizações, tambores ou danças — nem quaisquer outras "formas de comunicação contemporânea" que parecessem chocantes demais para muitas pessoas da igreja naquela época. Deus, porém, trouxe a nós um grupo de jovens com habilidades criativas de comunicação, para que a dimensão do alcance de nosso ministério refletisse aqueles dons e aquelas paixões com naturalidade.

A liderança de cada congregação local precisa olhar para o mandamento bíblico feito à Igreja e orar para que Deus conceda um equilíbrio entre os dons necessários para criar um grupo íntegro e saudável. Além disso, creio que cada congregação local deveria ter um "tempero" único baseado nas misturas por vezes estranhas de dons, paixões e experiências de vida de seus membros.

Eu não ousaria oferecer uma fórmula para "moldar" uma igreja local. Cada congregação necessita responder a várias perguntas de máxima importância: Quem Deus trouxe até nós? Quais são as contribuições peculiares dessas pessoas? Como o Espírito de Deus parece estar conduzindo? O que o bom senso diz?

Garanto que, seja qual for a forma de ministério ou serviço que a congregação local ofereça, existe alguém nessa congregação ou comunidade que necessita desesperadamente ser servido exatamente dessa maneira.

Dou graças a Deus pelos voluntários que optam por usar a riqueza e a variedade de seus dons e de suas paixões para atender a essas necessidades.

Capítulo 8

Pessoas motivadas pela paixão

Carrie, engenheira de empresas aéreas, é jovem, loira — e fascinada por uma paixão inexplicável. “Sempre amei a cultura hispânica”, ela diz. “Não sei explicar por quê. Não tenho uma gota de sangue hispânico, mas gostaria de ter!” Carrie tem facilidade de aprender línguas, por isso estudou e tornou-se fluente em espanhol.

Quando a nossa igreja organizou o *Casa de Luz*, um culto de fim de semana alternativo que proporciona ensinamento e adoração em espanhol, Carrie, talentosa vocalista, começou a cantar com a equipe de adoração. Ao receber um convite para ser produtora técnica do *Casa de Luz*, ela se convenceu de que aquele era o propósito para o qual Deus a preparara.

“Não posso acreditar que tive a oportunidade de misturar os meus talentos em música, línguas, liderança e administração com o meu amor pelos hispânicos. No *Casa de Luz* temos porto-riquenhos, dominicanos, guatemaltecos, venezuelanos, mexicanos – povos de toda a América Latina. Creio que Deus nos chamou para trabalharmos juntos como uma força unificada a fim de ministrar à crescente população hispânica na nossa comunidade. Eu sempre quis saber por que sentia essa paixão. Agora sei.”

Atração por um grupo de pessoas

As pessoas destacadas no capítulo anterior descobriram que seu ministério ideal tem relação com habilidades específicas, mas outras se sentem atraídas primeiramente por um grupo específico de pessoas. Leia de novo as palavras de Carrie: "Sempre amei a cultura hispânica. Não sei explicar por quê".

Para pessoas como Carrie, a paixão para servir é um mistério, até mesmo para elas. Se você lhes pergunta no que gostariam de servir, elas geralmente iniciam a resposta desta maneira: "Bom, *por algum motivo*, eu sempre me interessei por...".

Elas não sabem descrever exatamente o motivo. Mas não podem negar a paixão que as leva a servir a um grupo particular de pessoas: crianças, idosos, inquisidores, casados, famílias com poucos recursos, estrangeiros, mães de adolescentes, portadores de deficiência ou um grupo cultural específico. Como um rio descendo em cascata pela montanha, elas descobrem que seus interesses e sua força fluem naturalmente em direção a esses grupos.

Em um sábado de manhã, uma *van* lotada de adultos saiu do estacionamento da nossa igreja rumo ao centro de Chicago para ajudar uma família de refugiados da Somália instalada em sua primeira moradia nos Estados Unidos. Ninguém reclamou do fato de ter de passar o dia com pessoas que não conhecia e que falavam uma língua diferente.

Todos disseram: "Vamos ao centro da cidade ajudar essas pessoas a se instalarem ali. Vamos levar comida e roupa para elas. Vamos limpar o apartamento delas. Talvez aprendamos algumas palavras da língua que elas falam". A paixão que Deus lhes concedeu pelos refugiados transforma um sábado de trabalho em uma aventura empolgante.

Outras pessoas descobrem sua paixão quando reagem favoravelmente a uma área em grande necessidade ou a uma questão social: crise conjugal, sofrimento, desafios na carreira profissional, vícios, maus-tratos, injustiça, pobreza, divisão racial. Em geral a reação a essas questões é motivada por experiências próprias, quase sempre dolorosas.

Sharon ficou arrasada quando seu marido, membro do conselho da nossa igreja, faleceu de repente. Quando soube que havia um ministério de apoio aos aflitos, compareceu ao primeiro *workshop*. As 20 pessoas que também compareceram haviam perdido cônjuges, pais, irmãos, filhos. "Todos estavam sofrendo muito", diz Sharon. "A morte de uma pessoa querida apresenta-se com muitas faces: trauma súbito, doença prolongada, acidente, perda de um bebê em gestação, suicídio. Mas sofrimento é sofrimento. Ao final do primeiro *workshop*, vi que o Senhor havia tocado o meu coração para ajudar aquelas pessoas."

Sharon ingressou no núcleo de liderança do *Apoio aos Aflitos*, ministério no qual ela tem servido por mais de dez anos. No primeiro *workshop*, a música vinha de um aparelho de som. As pessoas participavam de mesas de discussão informal com base em um livro que liam antes de comparecer ao *workshop*. Hoje, o aparelho de som foi substituído por músicos, programadores e técnicos de som voluntários que se apresentam todas as segundas-feiras para servir aos aflitos. Os professores semanais vão de terapeutas profissionais a dirigentes e pastores da igreja. O mais recente *workshop* contou com a participação de 150 pessoas. Todos os 15 líderes das mesas de discussão eram antigos participantes que queriam servir.

"O mais empolgante de tudo", diz Sharon, "é observar as pessoas que chegam até nós em grande sofrimento, talvez recomendadas por um amigo, colega de trabalho ou ex-participante.

Muitas nunca frequentaram igreja, mas elas comparecem e começam uma busca importante pela cura — e por Deus. A nossa esperança é que essa gente tão sofredora encontre um abrigo emocional e espiritual. A necessidade está em toda parte. Estamos apenas fazendo a pequena parte que podemos para servir".

Rita, Laurel e Gail iniciaram um grupo de apoio diferente, destinado a famílias que sofrem em razão do impacto de uma doença mental. Cada uma delas já passou por grande sofrimento: um filho com grave problema bipolar, a prisão de um filho em razão de doença mental, grave depressão pós-parto e suicídio de um filho e de um irmão. Elas sabiam que não estavam sozinhas em seu sofrimento. Rita, enfermeira pastoral da igreja, estava ciente de que muitas famílias da nossa congregação e comunidade lidam com autismo, depressão clínica, esquizofrenia, TDHD (transtorno de déficit de atenção e hiperatividade) e vários distúrbios de ansiedade.

Elas se reuniram durante dois anos, orando para que Deus as capacitasse a ministrarem a outras pessoas. O resultado dessas orações foi o *Saúde Mental: Um Assunto de Família*, um seminário de um dia inteiro e uma série de grupos de apoio destinados a ministrar às pessoas que cuidam de familiares com doença mental grave em todas as suas formas. "Vocês não estão sozinhos", elas dizem aos participantes. "Jesus Cristo usa as tempestades na nossa vida para construir pontes."

O tema bíblico desse ministério é 2Samuel 22.17: "Das alturas estendeu a mão e me segurou; tirou-me de águas profundas". É isso o que Rita, Laurel e Gail têm experimentado e compartilham com outros hoje.

Recebo numerosos *e-mails* contando histórias semelhantes de pessoas que transformaram o próprio sofrimento em bálsamo de cura para os outros. Uma mulher escreveu:

> Em 1999 eu estava recebendo aconselhamento, completamente arrasada. O meu conselheiro sugeriu que eu ingressasse em um grupo de apoio para mulheres que haviam sido abusadas sexualmente. Concordei com relutância. Progredi tremendamente e acabei me tornando líder. Como líder, descobri que tinha o dom espiritual de ensinar.
>
> Quando expus a verdade a outras mulheres que passaram pelo mesmo sofrimento que eu, uma grande parte do meu passado foi, de certa forma, redimida. Embora eu nunca tenha culpado Deus nem dito que ele me havia feito sofrer da forma que sofri para um dia ajudar outras pessoas feridas, acredito sinceramente que ele escolheu uma situação horrível e usou-a em prol de seu Reino.

Outra mulher relata uma história extraordinária de ministério que ultrapassa em muito tudo aquilo que ela sonhou:

> Cerca de sete anos atrás, vi um anúncio no jornal para mentores e mães de adolescentes. Tive uma filha aos 17 anos, por isso pensei que essa seria uma forma de retribuir a Deus o que recebi e agradecer-lhe as pessoas maravilhosas que ele enviara à minha vida.
>
> Nos dois anos seguintes, reuni-me com um grupo de meninas adolescentes todas as semanas para confraternização e instrução. Foi como se eu tivesse 26 filhas adolescentes ao mesmo tempo! Eu não fazia ideia de que me apegaria tanto a elas, de que receberia tantos telefonemas desesperados no meio da noite e de que me sentiria desarvorada toda vez que elas cometiam outro erro.

Ajudei-as a encontrarem abrigo quando os namorados as espancavam. Fiz compras no supermercado quando o salário delas acabava antes do fim do mês. Cuidei de seus filhos enquanto elas procuravam emprego. Mas, acima de tudo, acreditei nelas.

O programa era ligado ao governo, por isso eu não podia falar abertamente sobre a minha fé. Mas não demorou muito para que as garotas começassem a fazer perguntas sobre em que eu acreditava, por que eu era diferente, como conseguia permanecer casada com o mesmo homem por tantos anos, e assim por diante. Tive muitas oportunidades de falar sobre a minha vida e de dar testemunho a elas.

Quando os dois anos terminaram, algumas garotas perguntaram se poderíamos iniciar um estudo bíblico. Maravilha! Reuníamo-nos uma noite por semana na minha casa, enquanto o meu marido cuidava das crianças em outra sala. Com o tempo, alguns namorados das garotas começaram a aparecer. Não posso dizer que todos tenham entregado a vida ao Senhor, ou que isso tenha sido fácil. Mas essa tem sido uma das experiências mais profundas da minha vida.

O elemento surpresa

Enquanto algumas pessoas se dedicam a uma área de serviço em razão de uma paixão inegável, outras sentem o chamado de Deus para uma área de serviço na qual imaginavam não ter nenhum interesse. Quando, porém, optam por servir em completa obediência a Deus, descobrem que ele sabe muito mais a respeito delas que elas próprias. Foi exatamente o que aconteceu na história a seguir.

Renetta descreve-se como uma moça urbana – "muito, muito, muito urbana" – moderna, sempre ativa, que trabalha em três empregos, é autossuficiente – "do tipo por favor, não preciso de ninguém". Ela é alta, negra e admirável. Seu apelido é Bubbles [Bolhas].

Renetta e seu marido, Larry, um farmacêutico, frequentavam a nossa igreja havia muitos anos e trabalhavam como voluntários nos *Ministérios de Serviço* – que incluem contadores, porteiros, recepcionistas, coletores de ofertas –, quando sua equipe decidiu participar de uma oportunidade de servir aos sábados em um bairro pobre. Dentro de dois ônibus lotados com pessoas da igreja, eles se dirigiram à Quinn Chapel, uma igreja metodista episcopal africana, localizada na linha divisória entre a periferia e a cidade.

"Todos no ônibus eram brancos, menos Larry, eu e Garnett, o irmão de Larry", conta Renetta. "As pessoas riam e se divertiam, mas era uma reação nervosa. Dissemos a elas que não se preocupassem, mas aquilo só ajudou até certo ponto, porque ninguém sabia o que encontraria pela frente. Quando, porém, descemos do ônibus, Ruth, uma mulher da Quinn Chapel, abraçou todos, como se os conhecesse há mais de dez anos, e disse que estava muito feliz com a chegada do grupo. Aquilo fez uma enorme diferença. Depois, o pessoal da Quinn nos serviu um café da manhã afro-americano tradicional. Larry, Garnett e eu sentimo-nos nas nuvens. Eles nos serviram *grits*!".[1]

Para Renetta e Larry, a ida à Quinn Chapel com o pessoal da Willow foi uma grande experiência. Pintar uma capela para um dos parceiros do nosso ministério foi um objetivo gratificante,

[1] Espécie de mingau servido no café da manhã no sul dos Estados Unidos, que consiste em milho ralado grosseiramente e engrossado com amido de milho ou farinha de trigo. [N. do T.]

mas, naquele dia, algo mais que a capela foi transformado. "Eles nos levaram para conhecer a igreja, e ali havia muitas histórias, fotografias e artefatos de afro-americanos. As pessoas começaram a nos fazer perguntas. 'Vocês fazem isto realmente? Como sabem disto? Vocês sempre comem *grits*?'. O pessoal tinha muita curiosidade sobre o nosso mundo. Para nós, aquele foi o início. Eles abriram seus olhos, nós abrimos os nossos, e todos abrimos o coração e nos tornamos amigos naquele dia. Foi uma experiência extraordinária."

No fim daquela tarde, dentro do ônibus de volta a Willow, Larry e Renetta estavam eufóricos – "Foi um novo dia para nós" –, mas estavam também tão exaustos que planejavam ir para casa imediatamente depois de apresentarem o relatório à igreja.

Houve apenas uma interferência.

"De repente, uma mulher caucasiana entrou na sala e praticamente bloqueou a saída."

A mulher estava determinada a convidar Larry, Renetta e Garnett para uma discussão com o *Construindo Pontes para a Divisão Racial*, que se reunia quinzenalmente aos sábados à noite.

Apesar da prolongada euforia daquela tarde, não havia espaço na programação do grupo da Willow para uma discussão intensa em torno de assuntos raciais. Evasivamente, eles concordaram em voltar outro dia, quem sabe, desde que a mulher comunicasse antecipadamente a data da próxima reunião.

"O fato é que a reunião está sendo realizada neste momento."

"Todos permanecemos calados", conta Renetta, "mas, no íntimo, eu sabia que aceitaríamos. Estávamos mortos de cansaço, mas era evidente que havia uma mudança em curso. Não nos sentimos necessariamente forçados a comparecer à reunião, mas fomos compelidos a isso."

Uma mulher negra e 11 pessoas brancas, mais os 3 recém-chegados, sentaram-se em um grande círculo na sala de reunião. Apesar de alguma relutância, Larry, Renetta e Garnett falaram abertamente, convencidos de que qualquer autêntica construção de pontes para a divisão racial só seria possível se todos admitissem a existência dessa divisão e estivessem dispostos a discutir assuntos desconfortáveis.

A noite, porém, não prosseguiu calmamente. Quando uma mulher do grupo perguntou como "seu povo" preferia ser chamado, aquilo mexeu com os afro-americanos na sala. "Gente, senti vontade de gritar 'Me segurem, me segurem, me segurem'", conta Renetta. Eles se contiveram por fora, mas, por dentro, Larry, Renetta e Garnett decidiram que já tinham ouvido o suficiente. Não foi a pergunta que os perturbou, mas a expressão "seu povo".

"Aquilo tinha uma conotação negativa", explica Renetta. "Foi como se alguém reunido ali conosco nos tivesse colocado em uma seção diferente, dizendo: 'Vocês fiquem aí, e nós ficamos aqui, e, se estendermos a mão e os trouxermos para cá, vocês serão aceitos. Do contrário, fiquem aí'. Foi uma tremenda exclusão. Para mim, foi uma forma a mais de nos isolar, de nos manter a distância."

Nas reuniões seguintes, eles constataram que a mulher que fez a pergunta não teve má intenção; estava sinceramente querendo saber a resposta. Mas Renetta saiu da primeira reunião convencida de que não haveria outras. "Por que preciso voltar lá e conversar sobre assuntos que me magoam, que me feriram no passado? Por que tenho de trazer aquele assunto à pauta e pedir que os brancos falem sobre ele?

"Na visita à igreja naquele dia, os nossos amigos brancos saíram de sua zona de conforto e penetraram em um mundo no qual todos nos sentíamos confortáveis. Por um momento, as coisas mudaram para nós. Mas a reunião do *Construindo Pontes para a Divisão Racial* trouxe tudo de volta à realidade. Fui convidada a dar um pedacinho de mim que eu considerava muito precioso. Um pedacinho que, dentro da nossa cultura, não precisa ser discutido, porque falamos abertamente dele.

"Apesar de Larry, Garnett e eu termos crescido em regiões diferentes do país – Chicago, Oklahoma, Indiana –, ainda existe uma linguagem entre nós que não precisa ser manifestada. Todos recebemos os mesmos tipos de insultos. E entendemos isso. Mas agora você me pede para sentar num ambiente em que sou a forasteira e, além de esperar que eu me sinta entusiasmada por sentar-me a seu lado, me pede para expor um pedacinho de mim e entregá-lo a você. E por quê? O que você fez para merecer esse pedacinho de mim? Sou inteiramente favorável a construir pontes para a divisão racial, mas será que isso significa que tenho de me expor e revelar quem sou para você? Trata-se de uma perspectiva fria, mas é a realidade."

E, assim, eles decidiram não voltar – mas "você sabe, Deus é maior que nós". E retornaram na semana seguinte. E de novo, duas semanas depois.

"Sempre havia algo que aprendíamos e que o outro lado também aprendia. O fato de saber de onde alguns membros brancos do grupo tinham vindo abriu realmente os nossos olhos. Ajudou-nos a sermos mais pacientes.

"Conversamos sobre coisas divertidas, como cabelos. 'Não, não posso deixar os cabelos molhados. Você lava os cabelos para tirar o óleo, e eu passo óleo nos meus.' Conversamos também sobre algumas feridas no dia a dia e na comunidade. 'Vocês se levantam de manhã e vão a uma loja elegante em Barrington, e recebem um bom-dia. Nós somos seguidos quando andamos pela loja.'

"Algumas pessoas ficaram fascinadas porque não conheciam os detalhes dos acontecimentos cotidianos. Achavam que a situação havia mudado. E mudaram fisicamente – ninguém mais nos mantém escravos –, mas ainda existe a angústia mental de passar por situações desconfortáveis demais. Vamos a um restaurante para jantar e percebemos que somos o único casal negro ali. Olhamos ao redor e vemos uma profusão de olhos cravados em nós."

Não foi fácil permanecer no grupo. Larry e Renetta continuaram a sentir que estavam dando mais de si mesmos que os brancos, simplesmente porque havia muita coisa sobre sua história que os brancos não entendiam, nem queriam entender.

"Às vezes", conta Renetta, "eu tinha vontade de dizer: 'Não tente fazer amizade comigo só para poder me analisar!'. É assim que nos sentíamos, mas seguimos em frente."

Quando a líder do grupo teve uma morte na família, pediu a Renetta que dirigisse o grupo em sua ausência. Renetta concordou, mas não muito. Aliás, no carro a caminho da reunião, Renetta deixou claro a Larry que aquela seria a última reunião da qual participaria. "Vamos entrar lá e fazer o que precisamos, mas depois vamos dizer: 'Chega'."

A reunião, contudo, transcorreu muito bem.

Depois, Larry disse: "Preciso contar a você o que estou sentindo no coração. Quem está falando sou eu, e você poderá dizer que é porque sou seu marido. Mas acredito que Deus está me pedindo para transmitir esta mensagem: ele precisa que você faça isso. Se você permitir que Deus faça isso por seu intermédio, ele assumirá o controle daqui em diante".

Renetta dirigiu com relutância a reunião seguinte e a outra também. "Deus foi bom, porque, quando eu entrava lá com aquela atitude negativa, Deus fazia algo para acender uma chama no meu coração e reavivar o desejo de permanecer. Um passo de cada vez."

No decorrer do ano seguinte, Renetta passou de líder substituta a líder assistente. O grupo continuou a crescer e, com o tempo, gerou vários novos grupos. Renetta e Larry tornaram-se líderes de grupo, e Renetta passou a ser a coordenadora de todo o ministério *Construindo Pontes para a Divisão Racial*.

Embora Renetta continue a servir como voluntária, nem sua condição "não remunerada" nem sua relutância inicial a impediram de continuar a acalentar um grande sonho. "O sonho que Deus me concedeu", ela diz, "vai além de negros e brancos. Inclui hispânicos, indonésios, asiáticos, africanos, nativos americanos, libaneses e antilhanos – todas essas culturas. Eles estão todos aqui. Não sei como Deus vai fazer isso, mas estou aberta a seu chamado".

Abertos ao chamado de Deus

Cada história deste livro trata de alguém "aberto ao chamado de Deus". O que essas pessoas teriam perdido se não continuassem abertas ao chamado de Deus? Um desafio? Uma aventura? Uma oportunidade? Um chamado? Um propósito encontrado no sofrimento? Um meio de crescer pessoalmente? Uma jornada para fazer diferença no mundo?

Cada história também nos faz lembrar das tremendas necessidades do nosso mundo – desde reconciliação racial até consolação no sofrimento, de educação de crianças a restauração de casamentos, de servir aos sem-teto a encorajar os desalentados.

Que necessidades teriam deixado de ser atendidas se as pessoas mencionadas neste capítulo não permitissem Deus agir por meio de sua paixão, de seu sofrimento – até mesmo de sua relutância – para tocar outras pessoas?

Que paixão Deus poderia despertar em você? Há um grupo de pessoas ou uma questão social que você não consegue tirar da mente? Você passou por algum sofrimento que suavizou seu coração para outras pessoas que enfrentam sofrimento semelhante? Sente um impulso espiritual para atuar em uma área na qual nunca imaginou servir? Não despreze o que se passa no seu coração neste momento. Deixe que Deus fale com você. Ouça. E então aja. Dê um passo. Experimente.

Entre em ação!

Capítulo 9

Não se esqueça de pedir

Se você perguntar aos voluntários em geral por que ele ou ela começou a servir em uma época específica ou em um lugar específico, a maioria encolherá os ombros e dirá: "Porque alguém me pediu".

Creio que nas igrejas do mundo inteiro há pessoas que amam a Deus, à igreja e ao próximo, mas nunca avançaram para trabalhar intencionalmente como servos porque ninguém lhes pediu isso.

Muitas formas de pedir

Há muitas maneiras de pedir. Às vezes "o pedido" surge em forma de um sermão desafiador no qual as pessoas que desejam trabalhar como voluntárias ouvem o chamado para saírem do "banco de reservas" por entenderem que, para elas, *chegou a hora*. Talvez não saibam exatamente como ou onde, mas precisam dar início ao processo de experimentação.

Outras ouvem falar sobre uma necessidade específica que se encaixa de forma muito visível em sua paixão, e não conseguem dizer *não*, porque agora sabem exatamente como e onde.

Na nossa igreja, trabalhamos muito para deixar claro quais são essas necessidades. Apresentamos todas as semanas uma lista de oportunidades de serviço no boletim distribuído nos cultos no meio da semana. Nos fins de semana, à medida que as pessoas entram e saem do auditório, quase sempre reproduzimos vídeos destacando as várias oportunidades de serviço. Acolhemos feiras de ministérios e eventos informais. No último verão, o *CARS* realizou um evento informal no barracão onde são consertados veículos amassados. O evento informal apresentou carros de primeira linha de propriedade dos voluntários do *CARS* e um verdadeiro carro de corrida da NASCAR[1] doado por um amigo do *CARS*. O objetivo do evento informal era o de atrair pessoas com potencial para serem voluntárias. Em um fim de semana, eles recrutaram 23 novos voluntários.

No entanto, apesar dos esforços para comunicarmos publicamente as necessidades e convidar as pessoas ao serviço, o convite mais eficiente é aquele feito pessoalmente — quanto mais pessoal, melhor. Aliás, os voluntários são os melhores recrutadores de voluntários.

Um anúncio em um boletim comunicando a necessidade de mais gente para "adotar" os canteiros de flores e plantar sementes na primavera é capaz de chamar a atenção de uma ou duas pessoas apaixonadas por jardinagem. Mas um voluntário entusiasmado que plantou e mantém "aquele canteiro espetacular de petúnias roxas ao lado do prédio da administração" será um recrutador muito mais eficiente. "São apenas algumas horas aos sábados. Venha. É divertido. E, todas as vezes que você passar de carro pelo *campus*, saberá que colaborou para criar um ambiente bonito e acolhedor ao ar livre."

Os voluntários são os melhores recrutadores de voluntários, porém ninguém fará isso se os líderes da igreja e os coordenadores dos voluntários não derem o exemplo de como formular o convite.

[1] National Association for Stock Car Auto Racing. [N. do R.]

Quando preciso recrutar um novo membro para o conselho, sempre começo com algum conhecido. A igreja fala há anos de "evangelismo relacional". Não andamos a esmo pela comunidade nem pegamos pessoas aleatoriamente para tentar conduzi-las a Cristo, porque sabemos que temos muito mais credibilidade com quem já criamos um relacionamento. O mesmo se aplica ao recrutamento de voluntários.

Quando estou à procura de um membro para o conselho, penso em todas as pessoas qualificadas que conheço e que ainda não estão servindo. Se uma delas atrair minha atenção como possível candidata, faço o seguinte: convido-a para um almoço e apresento as necessidades do conselho da igreja. Se ela não se interessar, tudo bem. Talvez o simples fato de dar início a uma troca de ideias a levará a pensar em outra coisa que gostaria de fazer, e eu poderei orientá-la nessa direção.

Apresentando a visão

O propósito de um encontro pessoal é apresentar a visão do trabalho voluntário. Essa visão proporciona um quadro estimulante do impacto e da experiência que o provável voluntário terá, caso se decida a servir. Repito, os voluntários são os melhores apresentadores da visão.

"Fred", um voluntário, poderá dizer a um amigo: "Eu trabalho em um ministério de crianças e quero dizer uma coisa a você. Os noventa minutos que passo todos os fins de semana com as crianças na classe que leciono é o ponto alto da minha semana. Quando ensino a uma criança de uma família não cristã a orar ou digo a uma criança cujo lar se desmoronou que Deus a ama, essas coisas fazem bem para mim. Quem sabe você gostaria de me acompanhar um dia e ver o que Deus está fazendo no ministério das crianças".

Creio que, de modo geral, não é sensato pedir a um provável voluntário que assuma imediatamente um compromisso de longo prazo; melhor seria convidá-lo a participar de um processo de experimentação. Mas não estou sugerindo que deixemos de apresentar a visão! Nunca hesitei em falar aos prováveis membros do conselho sobre o amor que sinto por fazer parte dele, do grupo excelente de pessoas com quem trabalho, da importância daquilo que fazemos e da minha crença de que eles também adorarão colaborar nessa obra.

As pessoas merecem receber uma visão clara e atraente.

Se um membro da nossa equipe de tráfego quiser recrutar um amigo para ajudá-lo, ele não deverá dizer: "Ei, Fred, você estaria disposto a nos ajudar a instalar 200 cones cor de laranja no sábado às 6 horas? É um trabalho maçante, mas alguém tem de fazer". Ele deve dizer: "Fred, faço parte da equipe de tráfego. Ajudamos a criar uma boa impressão às centenas de pessoas que visitam a igreja pela primeira vez. Acreditamos que podemos melhorar o impacto espiritual dos cultos quando convidamos as pessoas a usarem o estacionamento e as conduzimos aos espaços vazios. Você estaria disposto a colaborar para criarmos uma ótima primeira impressão?".

Quando o diretor de adolescentes tenta atrair pessoas para o ministério de jovens, ele não diz: "Sei que todos os adolescentes não pensam em nada durante três anos, que usam roupas esquisitas e são, em geral, insuportáveis. Mas eles precisam da supervisão de adultos. Você faria o sacrifício de me dar uma mãozinha?". Ele diz: "Assumi o compromisso de dedicar-me inteiramente a um grupo de meninos e meninas que atravessam o período de três anos mais difícil na vida. A MTV vive correndo atrás deles. A maioria das propagandas de produtos inaceitáveis e de modos destrutivos de vida está direcionada a eles. Eles ainda não têm maturidade suficiente para fazer escolhas, portanto se impressionam com qualquer coisa. Se você quiser causar um impacto tremendo nesses meninos e meninas vulneráveis, cujo futuro depende das decisões que tomarem hoje — se você realmente quiser fazer diferença em sua vida! —, venha colaborar com o ministério de adolescentes".

Uma visão como essa *me* faz quase querer ingressar no ministério de adolescentes (quase!).

Um bom estudo de caso

Uma vez por semana, o nosso ministério de adolescentes reúne-se em um grande grupo na igreja. Mas, nos domingos à noite, cerca de 30 a 40 alunos do ensino médio de cada colégio local reúnem-se em domicílios particulares para passarem um tempo juntos, ensinarem e participarem de discussões em pequenos grupos. Um dos segredos para o sucesso desses grupos domésticos são os líderes de pequenos grupos que conduzem as discussões e se envolvem pessoalmente na vida dos alunos; eles tomam o café da manhã juntos, comparecem a eventos esportivos dos quais os alunos participam, querem conhecer seus amigos, ouvir o que têm a dizer, conversar e orar com eles.

Ruth, a líder de um desses grupos domésticos, decidiu recrutar três rapazes de 20 e poucos anos — Todd, Jimmy e Michael — para serem líderes de pequenos grupos. "Oi, gente", ela disse, "temos líderes estudantis excelentes no nosso grupo doméstico, mas precisamos muito de alguns líderes mais velhos do sexo masculino." Depois de explicar detalhadamente a função específica do líder de pequeno grupo, ela acrescentou: "Conheço vocês. São divertidos, animados, legais e têm experiência de vida para falar aos garotos com quem vão se relacionar. Vocês são exatamente as pessoas de que necessitamos. Acredito que poderão virar aquele colégio inteiro de cabeça para baixo — e que adorariam fazer isso! Portanto, pensem no assunto e orem. Voltarei a falar com vocês".

Durante quase dois meses, os rapazes pensaram no assunto e oraram. Começaram a brincar entre si para saber quem iria "mudar o mundo". Mas a visão apresentada por Ruth começou a criar raízes profundas: se eles se dedicassem a esse ministério, talvez pudessem realmente fazer diferença na vida de alguns alunos. Talvez pudessem até ajudar esses alunos a crescerem na fé e causarem impacto na vida de seus colegas.

Ruth telefonou para lembrar-lhes que o convite continuava de pé. "Ainda estamos pensando no assunto", eles disseram. Ela lhes deu um pouco mais de tempo para pensar, mas antes descreveu os contatos positivos que havia estabelecido com os administradores e funcionários da escola e sugeriu métodos que eles poderiam usar nesses contatos. Ela também orou — perseverante e diariamente — para que Deus agisse no coração daqueles rapazes e pediu que, se o Senhor estivesse realmente os chamando para o ministério de adolescentes, que os rapazes aceitassem.

A visão começou a aprofundar-se cada vez mais. Os rapazes assistiram aos cultos de fim de semana, ouviram sermões sobre "fazer sua vida valer a pena... usar seus dons... correr riscos... evangelismo... discipulado... propósito", e todos começaram a pensar na mesma coisa: grupos domésticos.

Ruth abordou-os mais uma vez e convidou-os para jantarem com os outros líderes e, depois, visitarem o grupo doméstico. Eles compareceram e descobriram duas coisas naquela noite. Primeira, que gostaram realmente dos outros líderes. E, segunda, que o único meio para fazer os adolescentes discutirem assuntos de qualquer profundidade seria eles próprios mergulharem na discussão. "Esta é a iniciativa que vou tomar nesta semana", eles disseram aos mais jovens. "E vocês? Que iniciativa vão tomar?"

Dois dias depois, Ruth encontrou-se com eles no café da manhã para saber como havia sido a reunião do grupo doméstico: "Vocês gostaram? Sentiram-se bem recebidos? Conseguiram relacionar-se com os adolescentes? Como vocês veem seu envolvimento no futuro? Posso ajudar vocês de alguma forma a investigar essa oportunidade mais a fundo?". (Ninguém se sentiu ofendido por ela ter pagado o café da manhã!)

Não me causa surpresa saber que aqueles três rapazes se tornaram líderes entusiastas e eficientes de pequenos grupos. Ruth fez tudo certo. Por meio de um amigo comum, Ruth recebeu informações suficientes para saber que os rapazes seriam, de fato, ótimos líderes para adolescentes. E ela os conhecia o bastante para abordá-los pessoalmente.

Por isso ela pediu. E pediu. E, todas as vezes que pedia, lançava um pouco mais da visão. Convenceu-os de que estava pedindo que fizessem algo realmente importante. E mais, que eles seriam eficientes e adorariam realizar esse trabalho.

Com muita sabedoria, Ruth ofereceu-lhes também uma discriminação específica de deveres. Ela não disse: "Oi, vocês gostariam de trabalhar com adolescentes?". Ela os convidou a servirem como líderes de pequenos grupos para os alunos de um colégio específico, em um grupo doméstico específico, em uma noite específica da semana. Depois anunciou claramente quais eram as responsabilidades envolvidas. Eles não teriam de pregar sermões, mas dirigir discussões em grupo. Não precisavam passar todas as noites da semana com os alunos, mas se esperava que programassem reuniões durante o café da manhã ou eventos noturnos ocasionais para conhecerem melhor os adolescentes.

Ruth sabia que cada provável voluntário precisa saber exatamente o que fazer. A hesitação de um novato quase sempre está relacionada à falta de informações. As pessoas precisam saber quais são suas verdadeiras responsabilidades, quando devem apresentar-se, quem vai estar presente e quanto tempo levará. Não podem dizer *sim* a um punhado de tarefas desconhecidas. E precisam ter certeza de que o pedido que lhes está sendo feito é razoável.

Voltemos a Ruth. Quando os rapazes manifestaram interesse no ministério, ela os convidou para jantarem com os líderes de outros pequenos grupos. Ruth sabia que, se os rapazes passassem uma noite por semana servindo com a equipe dela, seria mais fácil descobrirem se teriam uma ligação mais estreita com os adolescentes por meio da qual poderiam dar início ao trabalho.

Não despreze o relatório oral de avaliação

Após o primeiro grupo doméstico, Ruth deu prosseguimento à parte mais negligenciada — e a mais importante em termos de discussão — do processo de recrutamento: o relatório oral de avaliação. Este é um exemplo muito comum do método de recrutamento: Você pede. Você finalmente encontra alguns voluntários. E então cruza os dedos e espera que eles tenham gostado da tarefa e voltem.

Por que não se sentar com os voluntários novatos e discutir como foi a experiência de servir? Precisamos lembrar-nos de que o recrutamento de voluntários não se limita a encaixar pessoas nos lugares vazios e esperar que as necessidades do ministério sejam atendidas. Ele também deve dar permissão para as pessoas experimentarem e aprenderem. Deve guiar uma pessoa ao longo de um caminho de crescimento espiritual. Deve ajudar as pessoas a descobrirem seus dons e suas paixões espirituais.

Portanto, precisamos do relatório oral de avaliação. Se os voluntários disserem que adoraram cada minuto da experiência, só nos resta aplaudi-los e encorajá-los a continuarem. Se manifestarem reservas quanto ao retorno, precisamos descobrir o motivo.

Houve um acidente de percurso? O líder não apareceu na hora marcada? O voluntário acabou trabalhando sozinho em vez de trabalhar em equipe? O treinamento necessário foi negligenciado?

Ou houve alguma descoberta pessoal? Eles concluíram que não gostam de crianças? Não gostam de tarefas administrativas? Não podem comparecer às 7 horas nos sábados?

O trabalho poderia ser repensado para tornar-se mais agradável? O que eles fantasiaram a respeito? Há um modo de alterar essa função de voluntariado para criar uma situação de "vencer ou vencer"?

Um dos membros do conselho que serviu fielmente durante muitos anos foi informado de que precisaria fixar residência em outra parte do país ou concordar em viajar de segunda a sexta-feira quase todas as semanas. De qualquer maneira, aquele homem teria de desistir de sua posição no conselho – ou assim pensava. Quando, porém, eu lhe perguntei se haveria um meio de adaptarmos sua participação no conselho sem prejudicar a continuidade de seu serviço, ele descobriu uma opção fácil de ser posta em prática. Bastou uma leve mudança de responsabilidade e tempo despendido.

Posteriormente ele me enviou uma carta de agradecimento. "Foi extremamente positivo para mim", ele escreveu, "você ter valorizado a minha contribuição como membro do conselho a ponto de adaptar a posição às minhas novas circunstâncias." Ele não precisava ter-me agradecido. A adaptação permitiu-me manter os serviços de um voluntário precioso. Depois de alguns anos, sua situação vocacional mudou novamente, e ele conseguiu retomar o nível anterior de participação no conselho.

As três lições fundamentais

A implantação de um trabalho voluntário eficiente não acontece por acaso. Sempre exige um grande investimento da parte dos líderes da igreja. Quero terminar este capítulo com três lições que os líderes das igrejas precisam ter em mente.

1. O voluntário novato é um voluntário frágil

Um voluntário antigo sabe lidar com contratempos ocasionais. Mas o voluntário novato é extremamente vulnerável ao desânimo e a decepções. E aquela primeira experiência de voluntariado pode determinar a atitude dessa pessoa em relação ao ministério pelo resto da vida.

Todos nós já presenciamos esta cena: o voluntário novato apresenta-se para servir e um líder desatento da igreja destina-lhe uma posição incompatível com seu dom, interesse ou habilidade. O líder despreza o valor da primeira experiência e não mostra uma rota fácil de saída como esta: "Se este trabalho não se adapta a você, vamos encontrar uma opção melhor". E assim o voluntário continua a apresentar-se fielmente durante um ano, sentindo-se o tempo todo ineficiente, insatisfeito e exaurido. Trabalha com afinco, mas os resultados não aparecem. E, quando esse voluntário tenta desistir, o pastor ou diretor do ministério diz: "Vamos. Dedique-se ao trabalho. Não desista. Não decepcione Deus".

No entanto, na maioria das vezes o problema não está em dedicar-se ou não ao trabalho. Quando as pessoas saem da posição de espectadoras e vestem o uniforme do serviço, isso geralmente ocorre porque Deus lhes tocou o coração e elas querem fazer diferença no Reino. Mas uma experiência de servir que gera uma sensação constante de derrota pode levar a pessoa ao ponto de aceitar a culpa por ter desistido, voltar à posição de espectadora, cruzar os braços e recorrer a outro líder de igreja que a conduza ao campo de trabalho.

Ouço frequentemente palavras como estas: "Bill, eu gostaria de servir, mas não posso neste momento. A minha esposa e eu precisamos de um descanso. Lideramos o ministério de pequenos grupos durante dez anos na nossa antiga igreja. Dedicamos muitas horas a esse trabalho, mas nunca recebemos o treinamento de que necessitávamos, e o supervisor não atendia aos nossos pedidos de ajuda. Estamos exaustos. Não podemos mais fazer isso. Precisamos nos recuperar daquela experiência". Que triste!

Às vezes a nossa igreja necessita transformar-se em hospital para os servos feridos de outras igrejas — e às vezes para os servos feridos da nossa própria igreja. Cometemos muitos erros que machucam as pessoas e precisamos dar-lhes um tempo de restauração.

Como evitar isso? Repetindo, a resposta é perturbadoramente simples. Peça. Escreva um bilhete. Telefone. Leve um voluntário novato para almoçar e faça-lhe algumas perguntas básicas de avaliação: "Como está sendo a experiência? Ela inspirou vida em você? Você não vê a hora de voltar a realizá-la?". E, no decorrer do tempo, faça as seguintes perguntas aos voluntários mais antigos: "Como as coisas vão indo? Você continua satisfeito em sua posição? Há alguns ajustes que precisamos fazer?".

2. A maneira mais fácil de derrotar um voluntário é fazê-lo perder tempo

Os coordenadores de voluntários, em particular, precisam ter esta lição em mente.

Veja como acontece: O pastor transmite ensinamentos sobre como servir, comunica as necessidades com criatividade e faz convites individuais. As pessoas inscrevem-se para servirem. Na melhor das hipóteses, elas são direcionadas a áreas nas quais podem exercer seus dons e sua paixão.

Então o voluntário sai do trabalho mais cedo e contrata uma babá, faz um percurso de 45 minutos de carro e apresenta-se para servir — e aí descobre que sua presença não é necessária. Não há trabalho para ele; o projeto pode ser completado facilmente sem sua colaboração. Ou se trata de um trabalho de múltiplas tarefas. Suas habilidades específicas não são nem sequer necessárias a essa função. Ou, pior, o projeto não ficou pronto a tempo. O voluntário anda de um lado para o outro durante 20 minutos esperando que alguém apareça com as cartas que ele deve colocar nos envelopes. Fazer o voluntário perder tempo é a melhor maneira de certificar-se de que ele nunca mais vai voltar.

Por outro lado, há o perigo semelhante de lançar muitas responsabilidades nos ombros de um voluntário. Um jovem casal oferece-se para ajudar o pastor no grupo de jovens. Três semanas depois o pastor diz: "São todos seus. De agora em diante vocês são os responsáveis. Estes 25 jovens pertencem a vocês!".

Se a responsabilidade dada aos voluntários não estiver de acordo com a fase que eles atravessam na vida, com sua energia ou seu nível de habilidade, eles desistirão. É mera questão de tempo. E a culpa não é deles. Cabe aos líderes e ao pessoal da igreja ajudar os voluntários a descobrirem uma área apropriada de responsabilidade na qual eles não sejam subutilizados nem sobrecarregados.

Como você descobre o ponto exato para dar continuidade ao trabalho do voluntário? Mais uma vez, há necessidade de um relatório oral de avaliação. Peça. Ouça. Conheça seus voluntários. Demonstre interesse por eles. Lembre-se de que você não está apenas preenchendo um vazio para atender a uma necessidade; você está conduzindo um seguidor de Cristo, cuja disposição para servir é enorme, ao longo do caminho para uma vida gratificante e frutífera de servir ao próximo.

3. Os servos precisam ser lembrados — constantemente — de que não estão trabalhando em vão

Os voluntários precisam ser lembrados, repetidas vezes, de que têm valor; de que o trabalho deles faz parte do drama redentor que está se desenrolando ao longo da história da humanidade; de que a função que eles exercem não é insignificante; de que Deus valoriza cada tarefa que eles realizam e cada hora de serviço que doam.

Mateus 6.4b diz: "E seu Pai, que vê o que é feito em segredo, o recompensará". Não há um só ato de serviço feito em nome de Cristo que passe despercebido ou permaneça sem recompensa. Nenhuma palavra bondosa, nenhum sorriso encorajador, perde-se. Cada ato de caridade, cada misericórdia concedida, cada carta de incentivo, cada hora dedicada a servir a seu cônjuge, filhos, pais, patrão, líder de seu ministério, um desconhecido na rua — cada ato feito em atitude de servo é percebido e será recompensado por Deus. Cabe a nós lembrar as pessoas disso.

Lemos em 1Coríntios 15.58b: "Sejam sempre dedicados à obra do Senhor, pois vocês sabem que, no Senhor, o trabalho de vocês não será inútil". Esse é o versículo da minha vida. Quando sinto desânimo ou cansaço, repito-o de forma um pouco diferente: *Nunca será inútil, nada do que eu faço em nome de Cristo será inútil*. Embora a visibilidade da minha vida apresente um pouco de recompensa, na maior parte dos dias saio do meu escritório pensando que decepcionei mais pessoas que encorajei, ou que a minha liderança ou os meus ensinamentos foram ineficientes. Tenho de lembrar a mim mesmo que pelo menos compareci, tentei e Deus viu o que fiz. E isso não pode ser tirado de mim.

Se devo submeter-me àquele tipo de disciplina mental para manter-me motivado e fiel, o que dizer da pessoa que enfrenta um frio abaixo de zero grau centígrado orientando os motoristas no estacionamento, da pessoa que limpa as mesas na praça de alimentação ou passa aspirador de pó no auditório nas manhãs de sábado? Elas precisam ser lembradas de que Deus vê e valoriza o que estão fazendo. Que há testemunhas no céu aplaudindo-as. Que o impacto de seu serviço se propagará por toda a eternidade.

Os voluntários precisam ser lembrados de que *não são loucos*. Gosto muito quando alguém me diz que o que estou fazendo é importante. Creio que a maioria das pessoas sente o mesmo. Todos nós temos as mesmas dúvidas no íntimo. Precisamos criar uma cultura de encorajamento. Para isso é necessário separar um tempo para olhar nos olhos um do outro e lembrar-nos de que o que estamos fazendo é importante. "Deus vê isso, e, por ser importante, eu também vejo. Sua fidelidade é importante. Seus dons são importantes."

Não são necessárias muitas palavras para encorajar alguém. Você pode andar ao lado de uma pessoa no corredor, colocar a mão no ombro dela e dizer uma frase: "Estou feliz por você fazer parte da equipe... Este ministério não seria o mesmo sem você... Dou graças a Deus pelo que você está fazendo".

Uma sexta-feira à noite eu me preparava para falar em um culto de inauguração do novo templo de uma igreja em outro estado. A caminho do auditório, passei pelo berçário e vi uma senhora com um bebê em cada braço. Eu estava preocupado, retirando as minhas anotações da maleta, mas recebi um cutucão claro — penso ter vindo do Espírito Santo — para parar e agradecer à mulher que servia no berçário.

"Senhora", eu disse, "sei que provavelmente a senhora preferiria estar no auditório com o pessoal da igreja, comemorando a inauguração do novo templo. Mas a senhora está aqui com um bebê em cada braço. Elogio seu espírito de serva e sua disposição para possibilitar que outras famílias assistam ao culto esta noite. Parabéns!"

Posteriormente, recebi um bilhete daquela mulher. "Caro pastor", ela escreveu. "Trabalho em berçários de igreja há vinte e dois anos. Quando o senhor parou para falar comigo, foi a primeira vez que recebi um agradecimento de um líder de igreja."

Li o bilhete e pensei: "Por que fazemos isso com os voluntários? Por que o agradecimento aos heróis e às heroínas ocultos da igreja local ocupa o último lugar da lista?".

Se você é um voluntário fiel, constante e humilde em sua igreja ou comunidade, minha gratidão neste momento por ter-se apresentado e feito diferença. Seus dons são importantes. Sua paixão é importante. Seus atos invisíveis de bondade são importantes.

Seu trabalho não é em vão! Parabéns!

Capítulo 10

O trabalho árduo

E não nos cansemos de fazer o bem, pois no tempo próprio colheremos, se não desanimarmos. Portanto, enquanto temos oportunidade, façamos o bem a todos, especialmente aos da família da fé.

Gálatas 6.9,10

Seria difícil encontrar um restaurante pior que o Tasty's Diner. O serviço era horrível, a comida era horrível, a decoração era horrível, a iluminação era horrível. Tudo ali era horrível, mas havia uma exceção: o local permanecia aberto a noite toda.

Nos primeiros dias do *Cidade do Sol*,[1] quando trabalhávamos tanto como voluntários a ponto de querer desistir a cada semana que passava, nós nos reuníamos no Tasty's Diner após o evento de evangelização das quintas-feiras à noite. Sentados em uma mesa de canto com estofado de vinil, revisávamos o que havíamos feito naquela noite. Quase sempre, começávamos a reunião reclamando de tudo. Iniciamos o evento com 15 minutos de atraso novamente. A criança do teatrinho esqueceu uma fala importante. Uma das lâmpadas da árvore iluminada explodiu durante a mensagem.

1 Ministério que abriga crianças até a 5ª série do ensino fundamental, em que elas aprendem a respeito de Deus e suas promessas. Disponível em: <www.soncitykids.org>. Acesso em: 31 out. 2012. [N. do T.]

Reclamávamos por alguns momentos e depois começávamos a rir. Sabíamos que teríamos de escolher entre rir ou chorar, então escolhíamos a primeira opção.

No momento em que a refeição era servida, já estávamos relaxados, e começávamos a contar histórias sobre as conversas importantes que tivemos com as crianças naquela noite. Aos poucos, passávamos a falar sobre a nossa vida, as nossas lutas ou a convivência com a família ou amigos. À medida que os ponteiros do relógio atravessavam a meia-noite, a conversa se aprofundava. Passado algum tempo, alguém olhava para o relógio de pulso e suspirava. Era o sinal de que estava na hora de ir para casa. Era triste terminar a conversa, mas estávamos tão cansados que mal conseguíamos andar até o carro.

Enquanto atravessávamos o estacionamento, dizíamos uns aos outros: "Até a semana que vem".

Evidentemente, todos tínhamos o compromisso de comparecer na semana seguinte. Adorávamos a companhia uns dos outros e a oportunidade de servir juntos. Os interesses comuns que partilhávamos sob a iluminação fluorescente daquele restaurante de aspecto sombrio proporcionavam uma das nossas maiores recompensas pelo sangue, pelo suor e pelas lágrimas derramados no ministério. Amávamos a Deus e queríamos servir aos alunos em nome dele. E o espírito de comunhão que cercava o nosso serviço ajudava a renovar a nossa energia, para que pudéssemos prosseguir.

E a vibração continua

Linda foi vocalista da banda Son City durante aqueles primeiros anos e nunca parou de cantar. Além de ser professora por vocação, ela servia fielmente na congregação com seu dom para música.

Durante quase trinta anos, ela compareceu aos cultos de meio de semana, de fim de semana e em datas especiais – e aos milhares de ensaios necessários – para atuar como cantora reserva, dirigindo humildemente a congregação em adoração ou ajudando a criar um "momento" programado que tocasse a alma das pessoas. Durante muitos daqueles anos, ela também foi intérprete de linguagem de sinais para surdos, interpretando canções e dramatizações nos cultos de meio de semana e fim de semana.

Laurie tinha 17 anos quando começou a servir no *Cidade do Sol* como líder de equipe para seus colegas do ensino médio. Aos 22, tornou-se presbítera. Nos vinte e cinco anos seguintes, enquanto ocupava uma posição administrativa em uma imobiliária, participou praticamente de centenas de reuniões de presbíteros realizadas tarde da noite, para tomar decisões espirituais em favor da igreja, orar pelos enfermos, cuidar da disciplina e proporcionar orientação aos novos membros da equipe. Hoje, depois de aposentar-se do presbiterato, Laura descobriu uma nova paixão. Com o mesmo fervor que dedicou à direção da nossa igreja, hoje ela ajuda refugiados africanos a se instalarem na área de Chicago.

Quigley também serviu fielmente na nossa igreja por quase dez décadas. Apenas um ano após sua conversão, ele se apresentou como voluntário para ajudar a encontrar um terreno onde a nova igreja pudesse ser construída. Na época, reuníamo-nos em um cinema e procurávamos um local onde não tivéssemos de lidar com exibições obscenas nem realizar o ministério para crianças em um saguão sujo que cheirava a pipoca velha. Quig descobriu que seu médico possuía um terreno na esquina da Rua Barrington com a Algonquin. Mudamos em 1981 para um edifício construído naquele terreno e continuamos lá até hoje. Quig também é presidente da nossa diretoria desde o início;

ele tem presidido todas as reuniões das quais já ouvimos falar. Sobre seu papel como voluntário, ele declara: "Obrigado por ter-me proporcionado a função mais importante, mais gratificante da minha vida. Quero continuar a fazer isso até o dia em que eles tiverem de me tirar daqui dentro de um caixão!".

Essas pessoas se comprometeram a ser voluntárias durante a vida toda em prol do Reino de Deus. De acordo com a Bíblia, essa deveria ser a regra. Jesus ensinou que o servo não deve trabalhar por dois anos e depois perder o interesse, nem servir com fervor durante cinco anos e depois perder o brilho. O trabalho de servo é o chamado principal da nossa vida.

No entanto, é difícil trabalhar constantemente como voluntário na igreja. Portanto, precisamos conhecer o que sustenta a energia do voluntário no trabalho de longo prazo.

Elementos-chave para persistir

O primeiro elemento-chave é algo que discutimos nos capítulos anteriores: aos poucos, aproximar-se cada vez mais das áreas autênticas da paixão e dos dons espirituais. O segundo é servir dentro do contexto da comunidade.

Nos estágios iniciais do trabalho voluntário, o "alto astral" do colaborador é tão forte que quase chega a ser sedutor. "Puxa! Este trabalho enriquece a minha vida! Faz-me sentir bem demais!" No entanto, qualquer pessoa que sirva constantemente sabe que essa euforia não dura. A certa altura, você se dá conta de que não foi feito para servir. Servir tem que ver com Deus e com as necessidades daqueles a quem você foi chamado a servir. Às vezes a sensação é agradável quando atendemos a essas necessidades; às vezes trata-se apenas de um trabalho comum, sem graça e superexigente.

Quando dou um giro pela igreja, vejo centenas de voluntários comparecendo semana após semana para realizar tarefas repetitivas, pouco ou nada reconhecidas. Vejo outros arcando com responsabilidades tão grandes que provavelmente são maiores que as que realizam em seu trabalho profissional. Vejo alguns abrindo mão de horas remuneradas no trabalho para terem mais tempo de trabalhar graciosamente na igreja. Vejo ainda outros que trabalham – de corpo e alma – como voluntários o tempo todo.

Quase sempre eu me pergunto como eles conseguem fazer isso. Sei que são humanos. Sei que, às vezes, sentem-se abatidos e desanimados. Sei que alguns provavelmente não descobriram seu "encaixe" perfeito, em termos de dons e paixão, portanto o trabalho deles é mais difícil do que deveria ser. Como eles mantêm a energia necessária para prosseguir?

De repente, ao atravessar o átrio do templo, vejo grupos reunidos ao redor das mesas antes ou depois de terem servido. Eles abrem o coração ao grupo, riem, oram e choram juntos.

Então eu me lembro do Tasty's Diner.

Eu já disse muitas vezes nos últimos anos que tenho dois objetivos para o resto da minha vida. Primeiro, quero fazer a obra que Deus me pede. Não sei o que significa alegria fora do trabalho que realizo para cumprir o propósito de Deus na minha vida. Todas as vezes que desvio alguns centímetros desse rumo, não vejo o sorriso de Deus sem o qual não consigo viver.

Segundo, quero realizar a obra para a qual Deus me chamou dentro da comunidade na qual vivo e com as pessoas que amo. Embora a maioria dos círculos de serviço dos quais participo não inclua voluntários, o mesmo princípio se aplica a eles.

Em uma recente reunião com a equipe administrativa, pude sentir os altos e baixos da vida em comunidade. Algumas pessoas contaram histórias engraçadas de momentos de intensa alegria passados com a família durante a semana; outras, porém, falaram entre lágrimas. Posteriormente, sentei-me diante da minha mesa de trabalho e pensei: "Não há nada melhor que ser convidado para participar das alegrias e tristezas das pessoas com quem sirvo e contar com elas nas alegrias e tristezas da minha vida. Não quero jamais realizar a obra de Deus fora da comunidade".

Sei que isso parece servir a si mesmo. A verdade é: se Deus me chamar para servir em uma caverna escura, totalmente isolada, espero fazer isso. É claro que na vida de todos nós há alguns aspectos do serviço que exigem concentração e isolamento. Mas não creio que Deus nos chame para sermos servos isolados.

Se quisermos um exemplo disso, basta olhar para Jesus. Embora tenha passado algum tempo só, orando e meditando, ele não se isolava quando ensinava às grandes multidões nem descansava só nas encostas das montanhas. Durante a maior parte de seu ministério público, ele serviu em uma comunidade de 12 pessoas e, mais intimamente, em um círculo fechado de 3 discípulos.

Na nossa igreja, tomamos uma decisão firme. Assumimos o compromisso de oferecer aos voluntários exatamente aquilo que acreditamos que Deus tinha em mente: a oportunidade de servir fielmente no contexto de uma comunidade tão valiosa a ponto de tocar o coração dos voluntários, proporcionar-lhes alegria e dar-lhes força para continuarem a servir.

Nem sempre fizemos isso. Por exemplo, tínhamos voluntários que cuidavam sozinhos do gramado no terreno da igreja. Um deles aparecia, tirava o cortador de grama do barracão, ligava o motor, cortava a grama por algumas horas e voltava para casa. Ele não tinha contato com ninguém – e não sabíamos por que os cortadores de grama tinham tão pouca motivação e por que as substituições eram tão frequentes! Quando finalmente compramos mais cortadores de grama e criamos uma equipe para realizar o trabalho, a motivação e a permanência na função subiram às alturas. O *e-mail* a seguir descreve o poder de trabalhar em equipe:

> Quero contar a você o que significa trabalhar na *Equipe de Solo*. A equipe reunia-se aos sábados das 7 às 15 horas, com intervalo para café às 10 horas e almoço ao meio-dia. Não sei do que eu gostava mais, se dos intervalos ou do trabalho. Eles eram igualmente gratificantes. Durante o intervalo da manhã, sentávamos em círculo e tomávamos suco ou café com rosquinhas ou bolo de café. Cada pessoa do círculo falava por 5 ou 6 minutos sobre assuntos pessoais. Podíamos falar sobre quase tudo durante aqueles momentos. Às vezes de assuntos pesados, outras vezes de assuntos um pouco mais leves. Passamos a nos conhecer muito bem. Há algo especial em receber uma tarefa para fazer e, depois, juntar as mãos para orar por um dia produtivo e por segurança. [...]
>
> Sei que os relacionamentos que formamos naquele grupo não foram acidentais. Sempre pensei que, quando Dan, o líder, destinava-nos tarefas, como plantar grama, arbustos ou bulbos de tulipa, ele provavelmente pensava: "Qual seria a pessoa ideal para trabalhar com Gary hoje?". Naquele grupo, aprendi que tudo gira em torno da comunidade.
>
> Sou do ramo de vendas a varejo e agora trabalho aos sábados, portanto estou servindo em um ministério diferente, mas todos os sábados de manhã, a caminho do trabalho, passo de carro pela igreja e me lembro dos dias em que

> trabalhei no *campus* podando, varrendo folhas, plantando em companhia de um companheiro cristão com um desejo em comum [...] de servir a Deus [...] juntos.

Doreen escreveu as seguintes palavras sobre sua experiência de servir na comunidade:

> Sirvo no ministério de crianças por mais de vinte anos. Tenho tido experiências incríveis, não apenas com as crianças, mas também com as equipes com as quais trabalho. A minha equipe atual é como uma família para mim, como se fosse a minha família biológica. Quase todos os sábados à noite, depois de trabalharmos com as crianças, saímos para comer e conversar até o restaurante fechar as portas. Ajudamos uns aos outros a seguir em frente, comparecemos ao casamento das pessoas da equipe e damos carona uns aos outros até o aeroporto.
>
> Também nos sentamos juntos na maioria dos cultos. Sei que eles sentiriam a minha falta se eu não aparecesse, portanto essa é uma forma de demonstrar responsabilidade. O versículo sobre o ferro que afia o ferro (v. Provérbios 27.17) serve muito bem para nos descrever; somos todos maduros na fé porque vivemos juntos.
>
> Esta igreja é muito grande. Já superei isso quando passei a servir com outras pessoas.

Como manter a motivação dos voluntários

A comunidade exerce claramente um papel muito importante para sustentar os servos. No restante deste capítulo, gostaria de mencionar vários outros fatores que mantêm os voluntários motivados.

1. A energia de servir aumenta quando vemos transformação na vida de quem servimos

Paulo escreve à pujante igreja de Tessalônica: "pois agora vivemos, visto que vocês estão firmes no Senhor" (1Tessalonicenses 3.8). Ele está descrevendo a agitação espiritual que os servos sentem quando veem o povo a quem servem crescendo espiritualmente e vivendo com o poder que Deus lhes dá.

O apóstolo João registra: "Não tenho alegria maior do que ouvir que meus filhos estão andando na verdade" (3João 4). Ele está falando sobre filhos espirituais, pessoas a quem serviu e em quem investiu.

Todo servo dedicado de Deus que conheço passou por uma experiência no deserto quando serviu aos outros. Um pequeno grupo que ele dirigia foi desfeito. Uma pessoa que ela aconselhava voltou a ter uma vida destrutiva. "De que adianta?", eles perguntam. "As pessoas não ligam. Não mudam. A minha contribuição não significa nada. Estou perdendo tempo."

Eles, porém, continuam amando, orando, ensinando e oferecendo atos tangíveis de serviço, e alguns desses esforços tocam corações e produzem mudanças duradouras. Na igreja, no supermercado ou no parque da vizinhança, eles encontram casualmente alguém que diz: "Ei, quero que você saiba que a maneira de você praticar o espírito de Cristo por me trazer comida quando estou doente também me fez querer ser seguidor de Cristo". Ou: "Quando você contou a história de seu processo de cura no nosso grupo de apoio, senti esperança para perseverar em meu sofrimento. Obrigado por sua sinceridade". Ou: "Talvez você não se lembre de mim. Mas você foi o líder de pequeno grupo de meu filho quando ele era adolescente. Hoje ele está na faculdade e continua a andar com o Senhor. Obrigado por ter investido nele".

De repente, esses servos entendem o que Paulo quis dizer quando afirmou que o impacto espiritual que ele causava na vida de uma pessoa era o que o mantinha vivo.

Reflita sobre o *e-mail* que recebi de um rapaz que serviu durante dez anos no nosso ministério de basquete, um ministério que busca alcançar as pessoas da comunidade:

> A temporada que terminou foi a mais gratificante que tive. Quatro anos atrás, herdei um time de basquete de meninos. O entrosamento foi um pouco difícil no início porque eu não conhecia nenhum deles, mas aos poucos estabelecemos uma conexão. Hoje, não somos mais "apenas" um time de basquete. Somos um grupo de rapazes que gosta de estar na companhia uns dos outros, dentro e fora da quadra. Outros rapazes viram quanto nos divertimos juntos e quiseram ingressar na nossa "Merry Band" de irmãos. É gratificante perceber que outras pessoas podem enxergar uma dimensão da vida cristã por meio de jogadores que correm de um lado para outro, arremessam bola e transpiram sobre um tablado de madeira.
>
> No entanto, o ponto alto desta temporada foi que um dos rapazes da equipe se tornou cristão [...] e eu o conduzi ao longo do caminho! Que honra poder contar a alguém que conheci e amei uma pessoa durante quatro anos, e agora havia uma festa no céu em sua homenagem. Foi uma grande lição de humildade. Com todos os erros que cometo, o Espírito Santo me usou para alcançar uma alma perdida e incluí-la na família de Deus. Este deve ser o aspecto mais incrível de ser um seguidor de Cristo [...] como Deus pode escolher uma pessoa tão imperfeita e usar sua

disposição de coração e seus dons para alcançar outras pessoas imperfeitas. Posso dizer do fundo do coração que não há nada mais gratificante para mim do que aconteceu no time de basquete este ano.

Os cultos de batismo são uma maneira pela qual os voluntários podem comemorar a transformação que Deus realiza na vida das pessoas. Creio que cada alma que se converte por meio do ministério de uma igreja é um testemunho da contribuição de cada voluntário.

Talvez, em algum momento, as palavras proferidas por um dos nossos professores tenham "dado um estalo" e o ouvinte entendeu que a mensagem da graça de Deus era destinada a ele. Mas aquela mensagem jamais teria sido ouvida sem os voluntários da produção que comparecem de madrugada para montar cenários e equipamentos técnicos enquanto todos nós dormirmos. E a mensagem talvez não cale fundo no coração do ouvinte sem a música entoada pela vocalista voluntária, que ora todas as vezes que canta para que Deus use a letra e a melodia de sua canção a fim de derrubar barreiras emocionais e espirituais. E os voluntários que passam aspirador de pó no auditório todos os sábados de manhã sabem que eles também fazem parte de cada decisão espiritual tomada naquele recinto.

Todo culto de batismo celebra uma vida transformada, mas celebra também o Corpo de Cristo. Celebra as mãos, os pés, os olhos, os ouvidos e os corações que trabalharam juntos de acordo com o plano de Deus. E a pequena onda de energia que enche a alma de cada voluntário que assiste a um batismo é uma dádiva do Espírito Santo que diz: "Você teve participação na transformação de uma vida humana. Reconheça isso. Comemore por saber que foi usado para os propósitos de Deus. Tenha ânimo. Aceite a recompensa".

2. A caminhada longa do servo exige cuidados com a própria saúde

Muitos servos fiéis saem do campo e acabam no banco de reservas por um simples problema: excesso de trabalho. Vocês ouviram isso aqui, amigos — excesso de trabalho. Muitos cristãos novatos e extremamente motivados duvidam de que haja excesso de trabalho. Eles citam o autor de Salmos 116.12: "Como posso retribuir ao SENHOR toda a sua bondade para comigo?". E respondem: "Quanto mais, melhor".

"Prefiro me matar de trabalhar a enferrujar", dizem. E com frequência é exatamente isso o que fazem. Eles se matam de trabalhar e acabam no banco de reservas, como voluntários "fora de combate".

Esse cenário expõe um trágico mal-entendido na comunidade cristã. *A atividade anda junto com a devoção* resume isso muito bem. Os que pensam assim estão convencidos de que Deus favorece aqueles que vivem à beira da exaustão e de que comparecer à igreja sete noites por semana é credencial de espiritualidade.

Quando um amigo da vizinhança ou um colega de trabalho convida uma dessas pessoas para passarem alguns momentos juntos, ela não aceita. "Sinto muito", ela diz. "Tenho de me dedicar a estes oito trabalhos cristãos que estou realizando e não posso perder tempo com coisas menos importantes." Coisas menos importantes — como amigos, vizinhos, cônjuges, filhos, exercícios físicos, sono, recreação, saúde.

Eu sei. Já passei por isso.

Na juventude, eu tinha um traço de ambição egoísta que precisava ser destruído. Tendo fortemente a me concentrar em metas, e defini todas elas – metas profissionais, metas acadêmicas, metas financeiras. Eu sabia o que queria e não tinha intenção de permitir que Deus ou alguém interferisse no meu caminho. Aquele traço de ambição precisava ser quebrado em mim.

Deus usou a autonegação e os versículos referentes a servir ao Senhor e ao próximo que o dr. B me ensinou na época do *Cidade do Sol* para começar o processo. Memorizei aqueles versículos. Repeti-os todos os dias. Aquele tipo de aplicação de determinada da Palavra de Deus foi responsável por destruir a mentalidade do "eu primeiro" que tomou conta de mim.

No entanto, eu não conhecia a diferença entre autonegação e autodestruição. Autonegação refere-se a rejeitar o pecado, o autoengano e o egoísmo. É rejeitar tudo o que Deus pede que rejeitemos, seja por meio dos mandamentos da Bíblia, seja por meio da direção mais personalizada do Espírito Santo.

Autodestruição, por outro lado, refere-se a rejeitar sentimentos autênticos, necessidades legítimas, atividades saudáveis e relacionamentos edificantes que Deus nunca pediu que abandonássemos.

Pouco a pouco, ao longo dos anos, eu havia mudado o meu comportamento saudável de autonegação para um ritmo de vida autodestrutivo, e isso começou a arrastar-me de tal forma à exaustão que temi ter de abandonar o ministério.

E não fui o único que sofreu por causa desse ritmo de vida autodestrutivo. Carrego comigo a lembrança dolorosa de que, durante o período extremamente desequilibrado de serviço ao próximo na década de 1970, alguns jovens casais da nossa igreja acabaram divorciando-se por terem imitado o ritmo de vida negativo que eu exemplificava. Racionalmente, sei que Deus me perdoou, porém jamais me desvencilharei da tristeza que acompanha essas lembranças. Na época, não percebi que todos nós somos responsáveis perante Deus pela maneira em que servimos em casa e como servimos na igreja e na comunidade, e que o zelo por aqueles a quem amamos é um componente necessário para a longevidade do serviço voluntário.

Lembre-se: a vida de servo não é uma corrida de 100 metros rasos; é uma maratona. Além de nos prepararmos para o trabalho de longo prazo e cuidarmos do casamento e da família, precisamos dar atenção à alimentação, aos exercícios físicos e ao descanso. Aprendi pelo caminho mais difícil que, se eu não me alimentar, não me exercitar, não dormir adequadamente, acabarei fisicamente abatido. E, se eu não dedicar tempo à recreação e descontração, acabarei emocionalmente derrotado.

"Servi ao SENHOR com alegria", diz o salmista, "apresentai-vos diante dele com cântico" (Salmos 100.2, *Almeida Revista e Atualizada*). Se você está se esforçando ao máximo para fazer isso, mas sua alegria na vida está sendo engolida por uma amargura crescente contra o Deus que você diz amar, esse é um indício de que está rejeitando mais do que ele pede a você para rejeitar ou adotando um ritmo fora da realidade.

Muitos cristãos enxergam apenas duas opções: autocentralização ou abnegação. Mas qualquer pessoa que seja verdadeiramente abnegada o tempo todo provavelmente acabará em um hospício. O meio-termo do cuidado conosco é essencial para preservarmos os nossos dons, a nossa sanidade, os nossos relacionamentos e a nossa saúde, de modo que possamos comprometer-nos com um serviço contínuo.

Não existe uma forma generalizada de fazer isso, mas podemos contar com o Espírito Santo para nos conduzir todos os dias enquanto meditamos e oramos, entregando a nossa vida a Deus e pedindo sabedoria e orientação.

Um amigo disse: "O autossacrifício extremo exige autocuidado extremo". É verdade. Se você não cuidar de si mesmo, pensando que pode ser um herói e desprezar as realidades da vida, estará pisando em território perigoso. Cuidar de si mesmo não é uma opção. É o antídoto da exaustão, dos relacionamentos desfeitos e do estresse e um componente necessário na vida de um servo de Cristo alegre, eficiente e constante, que um dia ouvirá as palavras: "Muito bem, servo bom e fiel" (Mateus 25.21).

3. O servo necessita de plenitude espiritual para servir com perseverança

Em outras palavras, o nosso serviço precisa ser corretamente abastecido. Precisamos prestar muita atenção no que nos motiva espiritualmente. Culpa? Tentativa de conquistar o favor de Deus? Reação ao que os outros esperam de nós? Necessidade de causar boa impressão? Necessidade de ser necessário? Se assim for, o ato de servir torna-se, em última análise, uma tarefa enfadonha, uma obrigação exaustiva.

O servo sincero e cheio de energia precisa ter uma experiência contínua com a presença e o amor de Deus. As disciplinas espirituais, como momentos a sós com Deus, silêncio, meditação nas Escrituras, reflexão e oração, mantêm-nos firmes não apenas na verdade intelectual do amor de Deus, mas também na realidade que experimentamos nela. Essas disciplinas abrem o nosso coração, para que o amor de Deus possa falar conosco, consolar-nos, desafiar-nos e nos preencher. E o transbordamento desse amor pode traduzir-se em atos de serviço e amor pelos outros. Se estivermos servindo a Deus freneticamente, sem separar um tempo para estarmos em comunhão com ele, poderemos completar uma corrida de 100 metros rasos sem nunca sentirmos a alegria de terminar a maratona de servir ao próximo para a qual Deus nos chamou.

Não sei quanto tempo ainda viverei neste mundo. Mas sei o que quero fazer com o tempo que me resta. Quero servir a Deus com pessoas que amo. Quero comemorar o milagre de vidas transformadas. Quero cuidar bem do meu corpo e da minha alma. Quero amar a minha família. E todos os dias quero que o amor de Deus transborde de dentro de mim. Então, quando chegar a hora de atravessar o rio, quero agradecer a Deus por ter-me dado uma vida melhor do que mereci... uma vida que eu não trocaria por nada deste mundo.

Capítulo 11

O poder de fazer o bem

E consideremos uns aos outros para nos incentivarmos ao amor e às boas obras.

Hebreus 10.24

Quanto a vocês, irmãos, nunca se cansem de fazer o bem.

2Tessalonicenses 3.13

"Assim brilhe a luz de vocês diante dos homens, para que vejam as suas boas obras e glorifiquem ao Pai de vocês, que está nos céus."

Mateus 5.16

Fiel é esta palavra, e quero que você afirme categoricamente essas coisas, para que os que creem em Deus se empenhem na prática de boas obras.

Tito 3.8

Boas obras. Incentivem uns aos outros ao amor e às boas obras. Nunca se cansem de fazer o bem. Assim brilhe a luz de vocês diante dos homens, para que vejam as suas boas obras. Ofereçam boas obras a todas as pessoas. Todos os que creem em Deus se empenhem na prática de boas obras.

Boas obras.

Na primeira carta do apóstolo Paulo a Timóteo, ele diz aos que são ricos que não ponham "sua esperança na incerteza da riqueza", mas que "pratiquem o bem, sejam ricos em boas obras, generosos e prontos a repartir [...] e assim alcançarão a verdadeira vida" (6.17-19).

No evangelho de Lucas, Jesus ordena que façamos bem aos nossos inimigos (cf. 6.31-35).

Paulo diz aos romanos: “Se o seu inimigo tiver fome, dê-lhe de comer; se tiver sede, dê-lhe de beber. [...] Não se deixem vencer pelo mal, mas vençam o mal com o bem” (12.20,21)

Vencer o mal com o bem.

Não preciso desperdiçar palavras, apresentando uma justificativa para a maldade deste mundo. Para os quebrantados. Para o sofrimento. Para as guerras. Para a pobreza. Para a fome. Para o ódio. Para a ganância. Para as famílias destruídas. Para os idosos abandonados. Para a falta de um elemento tão básico como a água pura para a maioria da população do mundo. Para os solitários. Para a agressão ao meio ambiente. Para a tragédia da aids. Para o vazio espiritual.

Essa justificativa é mostrada todos os dias nos noticiários noturnos — e todos os dias nos homens, mulheres e crianças que cruzam o nosso caminho, se estivermos dispostos a ver.

Este livro trata, em última análise, do outro lado da história. Do poder de fazer o bem.

Reflita sobre esse poder de oração contido nesta história simples.

Depois de morar em uma casa pequena por cinco anos, Jeff e sua esposa, Karen, queriam mudar-se, para dar início a uma família. Infelizmente, eles não encontraram nada que coubesse no orçamento de que dispunham. A situação complicou-se porque Jeff estava trabalhando em um longo projeto de consultoria, cujo pagamento só seria feito no final. Para piorar a situação, a administração do condomínio onde eles moravam acrescentou uma despesa significativa ao orçamento deles, obrigando-os a substituírem os portões da garagem.

Eles se sentiram nas nuvens quando finalmente Jeff terminou o projeto de consultoria; agora poderiam substituir os portões da garagem e comprar uma casa. "Mas", Jeff explicou, "acreditávamos que as 'primícias' pertencem ao Senhor, e ele pôs no nosso coração o desejo de comprarmos portões para as garagens de dois vizinhos que estavam atravessando uma fase difícil. Um tinha câncer; o outro mal conseguia pagar as contas do mês. Quando falamos sobre os portões da garagem para os nossos vizinhos, também contamos a eles a história da bênção do Senhor na nossa vida".

Foi então que o Senhor "abriu o celeiro" para Jeff e Karen. "Transbordamos de alegria pela reação dos nossos vizinhos e também pelo despertamento espiritual no nosso coração. Quando realizamos o serviço de Deus com sinceridade, há dentro de nós uma sensação incomparável que nos faz querer realizar mais e mais serviços."

Dentro de uma semana, eles encontraram sua futura casa. Karen comentou: "Deus tinha uma obra para nós antes de mudarmos de casa". Foi uma lição extraordinária.

"Hoje perguntamos abertamente", ela diz, "*O que tu queres que façamos?* Sabemos que Deus tem um plano e somos parte dele".

Algo simples. Um plano sem complicação. Sem necessidade de estrutura organizacional. Apenas um toque do Espírito Santo. Um ato de generosidade. Você pode imaginar como aquele vizinho com câncer se sentiu? Ou aquele que nunca tinha dinheiro para pagar as contas?

Portões de garagem.

Boas obras.

E que tal esta outra história?

Bob, na casa dos 70 anos de idade, trabalha como voluntário no nosso ministério para crianças. Num domingo de manhã, os pais de uma garotinha não apareceram após o culto. Enquanto ambos aguardavam, a garotinha perguntou se Bob poderia ler a história do *Ursinho Puff* para ela. Quando o senhor terminou a leitura, ela pediu que ele lesse a história novamente. O terceiro pedido da garotinha deixou-o embasbacado, mas ele começou a ler apesar de sua preocupação crescente com a demora dos pais. Finalmente, viu a mãe entrando na sala. Ela permaneceu em silêncio atrás deles até que Bob acabasse de ler.

Depois que Bob terminou mais uma leitura do *Ursinho Puff*, a mãe se desculpou por ter atrasado e agradeceu-lhe. Em seguida, complementou: "Fiquei observando de longe, porque não quis interromper. O senhor é o único homem que leu para ela desde que meu marido morreu dois anos atrás".

Um senhor idoso lendo a história do *Ursinho Puff*. Que bálsamo para a alma de uma garotinha!

Boas obras.

Você acha que, em um mundo tão carente quanto o nosso, uma pessoa não é capaz de fazer diferença? Ao contrário, todos os dias temos oportunidade de criar um mundo mais condizente com os valores que prezamos.

> Não são apenas suas ações que causam impacto direto no mundo, mas cada escolha que você faz envia uma mensagem às pessoas a seu redor [...]. Criamos uma motivação entre nós [...]. Não permita que ninguém o convença de que você não tem poder — juntos, temos poder para transformar o mundo. Todas as mudanças importantes no mundo começam lentamente, em um tempo único e lugar único, com uma ação única. Um homem, uma mulher, uma criança se

levanta e compromete-se a criar um mundo melhor. A coragem dessas pessoas anima outras, que começam também a levantar-se. Você pode ser essa pessoa.[1]

Você pode ser essa pessoa. Você acredita nisso?

Scott comoveu-se com a situação difícil das famílias de refugiados bantos da Somália que viviam na área de Chicago. Depois de passarem dez anos em campos de refugiados quenianos, as famílias de refugiados muçulmanos chegaram ao Aeroporto O'Hare de Chicago com a roupa do corpo e nada mais. Scott e sua esposa, Laurie, decidiram "adotar" uma família – a família Muya – ajuntando roupas, sapatos, casacos de inverno, roupa de cama, utensílios de cozinha, móveis, tudo para que eles pudessem instalar-se em um apartamento na área de Chicago.

À medida que a notícia sobre a família Muya começou a circular, outras pessoas se envolveram. Uma família convidou os Muyas – no total de 11! – para permanecerem em sua casa por duas semanas até que o apartamento deles ficasse pronto. Outros voluntários se comprometeram a trabalhar dia e noite para ajudar os Muyas a viverem em um mundo novo de encanamentos internos, eletricidade, máquinas de lavar, supermercados e idioma inglês. Poucos dias depois da chegada da família, mais de 30 pessoas se haviam reunido para formarem o "Time dos Bantos". Hoje, após a família Muya ter-se instalado em dois apartamentos conjugados, o pessoal do "Time dos Bantos" a visita todos os fins de semana para dar aulas particulares, ensinar a usar a lavanderia automática e fazer compras no supermercado. Outros os estão ajudando a encontrarem emprego.

[1] JONES, Ellis et al. **The Better World Handbook**. Gabriola Island, British Columbia, Canada: New Society Publishers, 2001. p. 6.

Scott e Laurie separaram um cômodo em sua casa para ajuntarem e armazenar mercadorias para outros refugiados que chegam à cidade. Sob sua liderança, o "Time dos Bantos" continua a crescer à medida que outras pessoas aceitam a visão de serem amigos que refletem Cristo e andam ao lado de refugiados africanos.

Um casal tomou uma decisão simples. Os dois começaram a ajuntar os suprimentos necessários para uma família, sem saberem aonde isso os levaria. Eles sabiam que não tinham espaço em casa para abrigarem uma família. Sabiam que, pelo fato de trabalharem em período integral, não podiam assumir a responsabilidade de atenderem a todas as necessidades diárias de outra família. Portanto, fizeram o que podiam fazer. Ajuntaram suprimentos. Mas aquela ação estimulou outras pessoas a praticarem boas obras.

Quem sabe quantas famílias de refugiados ou quantos voluntários serão impactados — transformados — por essa simples cadeia de ações de amor?

Boas obras.

> "Hoje sou velho", Kevin escreveu para mim, "mas passei os últimos quarenta e cinco anos da minha vida servindo aos pobres e falando sobre o amor de Jesus às pessoas de coração quebrantado e ferido deste mundo. Andei pelas ruas de Calcutá, Cairo, Chicago e muitas outras cidades, alimentando os pobres e levando esperança aos desesperançados. Eu não mudaria nada do que fiz nem por 1 milhão de dólares. Diga às pessoas que cada pequenina porção de energia gasta, cada dólar entregue, cada dor de cabeça que sentimos vale a pena quando vemos pessoas transformadas pelo poder do evangelho."

As boas obras apresentam-se de todas as formas e tamanhos. Às vezes têm a ver com portões de garagem. Às vezes gravitam em torno do *Ursinho Puff*. Às vezes olham na direção da África. Às vezes alcançam o mundo inteiro. Mas em todos os casos exigem um elemento essencial: um voluntário disposto a trabalhar.

Que tal você ser esse voluntário?

O título deste livro pede uma revolução do voluntariado. Toda revolução necessita de pessoas revolucionárias e animadas que sonhem com o dia em que as coisas serão diferentes, para melhor. Mas os revolucionários não apenas sonham. Eles dão o melhor de si em favor da causa. Trabalham incansavelmente para o bem da coletividade.

Imagine o que aconteceria no mundo se centenas de milhares de pessoas — e talvez milhões — decidissem dedicar apenas algumas horas por semana para produzirem uma onda de boas obras que pusesse a fé em ação, espalhasse a benevolência e aliviasse o sofrimento.

Imagine se cada igreja e cada organização assistencial fossem subitamente inundadas por voluntários entusiasmados, habilidosos e carinhosos que planejassem, servissem e orassem para ver um pedacinho do céu aqui no planeta Terra. Imagine só!

Para isso, é necessário apenas um grupo de voluntários corajosos que acreditem que isso pode acontecer e estejam dispostos a dar o primeiro passo. Faça alguma coisa, em algum lugar, agora, diz o meu amigo Jerry. Penso que este seja o grito de guerra perfeito para a revolução do voluntariado.

Faça alguma coisa, em algum lugar — agora!

Tenho absoluta certeza de que há uma boa ação por aí com seu nome escrito nela.

Esta obra foi composta em *ITC Legacy Serif Std*
e impressa por Prol Gráfica
sobre papel *Offset* 70 g/m² para Editora Vida.